Le Peuple de France aujourd'hui

Le Peuple de France aujourd'hui is a reader for students studying contemporary French civilisation. Each section includes an introduction and a selection of primary texts, entirely in French, tackling key social issues, such as:

How is the population changing?
Are older people a resource or a problem?
Is there a future for the family?
Do single parent families exist?
Is the concept of class still relevant?
Is the 'new poverty' hereditary?

With additional notes, glossaries and comprehension questions, this makes an ideal text for classroom use.

Le Peuple de France aujourd'hui est un recueil de textes entièrement en français, conçu pour les étudiants suivant des cours de civilisation française contemporaine. Chaque section comporte une introduction suivie d'une sélection de textes authentiques traitant des grands thèmes de l'actualité sociale, comme par exemple:

Le remplacement des générations est-il assuré?
Le troisième âge: problème ou richesse?
Quel avenir pour la famille?
La famille monoparentale existe-t-elle?
Le concept de classes est-il toujours valable?
La nouvelle pauvreté devient-elle héréditaire?

Les notes, les glossaires et les questions de compréhension qui accompagnent les textes en font un ouvrage idéal à utiliser en séminaire.

Claire Laudet is Lecturer in French and Richard Cox is Senior Lecturer in French, both at Trinity College, Dublin.

La France aujourd'hui
Readers in contemporary French civilisation
Claire Laudet and Richard Cox

This new series is a response to the increasing emphasis on the teaching of 'civilisation' on French studies courses. Written entirely in French, each volume comprises a selection of substantial texts by acknowledged specialists, providing a wide-ranging introduction to major themes or concepts in French politics, culture or society. The editors provide detailed introductions, glossaries, comprehension questions and explanatory notes to guide the student through these topical debates.

Each volume is designed to cover one term's or semester's work for students of French, whether on its own or combined with business studies, economics, sociology or political science.

Cette nouvelle série répond aux besoins crées par l'importance croissante accordée à l'enseignement de la 'civilisation' dans les études de français. Rédigé entièrement en français, chaque volume comprend une sélection de textes de spécialistes reconnus et introduit des thèmes ou concepts majeurs dans les domaines politique, culturel ou social. Ces textes sont accompagnés d'introductions détaillées, de lexiques, de questions de compréhension et de notes explicatives qui guident l'étudiant dans ses lectures.

Chaque volume représente un trimestre ou un semestre de travail pour tous ceux qui étudient le français, seul ou en combinaison avec l'économie, la gestion, la sociologie ou les sciences politiques.

Also available: *La Vie politique en France aujourd'hui*

Le Peuple de France aujourd'hui

Claire Laudet and **Richard Cox**

Manchester University Press

Manchester and New York

distributed exclusively in the USA and Canada by St. Martin's Press

Editorial matter © Claire Laudet and Richard Cox 1995
Copyright in individual texts as indicated below title of each
text

Published by Manchester University Press
Oxford Road, Manchester M13 9NR, UK
and Room 400, 175 Fifth Avenue, New York, NY 10010, USA

Distributed exclusively in the USA and Canada
by St. Martin's Press, Inc., 175 Fifth Avenue, New York,
NY 10010, USA

British Library Cataloguing-in-Publication Data
A catalogue record for this book is available from the British Library

Library of Congress Cataloging-in-Publication Data
Le Peuple de France aujourd'hui / [edited by] Claire Laudet and
Richard Cox.
    p.   cm. – (La France aujourd'hui)
Includes bibliographical references.
ISBN 0-7190-4215-1. – ISBN 0-7190-4216-X
1. France–Population.   2. France–Social conditions–1945–
3. Family–France.   I. Laudet, Claire, 1953- .   II. Cox, Richard,
1943- .   III. Series.
HB3593.P48   1995
304.6'0944–dc20   94-5407
                                                                     CIP

ISBN 0 7190 4215 1 *hardback*
     0 7190 4216 X *paperback*

Typeset in Great Britain
by Servis Filmsetting Ltd, Manchester

Printed in Great Britain
by Bell & Bain Ltd, Glasgow

Table des matières

Remerciements

Nous souhaitons remercier le 'Arts and Social Science Benefactions Fund'
de Trinity College, Dublin, pour son soutien financier.

Introduction

Pourquoi cette série?

Pour mettre à votre disposition – vous qui vous intéressez à la France contemporaine, que vous soyez étudiant de français ou de sciences sociales ou enseignant – des textes écrits par des spécialistes français autour des grands thèmes de l'actualité politique, sociale et économique. Nous avons aussi souhaité rendre ces textes plus accessibles en facilitant la lecture et la compréhension à l'aide d'introductions, de lexiques, de questions de compréhension et de thèmes de réflexion. Ainsi, un astérisque (*) indique qu'un mot ou une expression est expliqué dans le lexique qui suit immédiatement chaque texte.

Notre premier objectif est en effet de permettre une étude approfondie du contenu de ces textes et d'encourager la réflexion et la discussion autour de thèmes porteurs, afin de vous aider à approfondir votre connaissance de la société française contemporaine dans sa variété. Nous avons choisi des textes assez longs, écrits par des chercheurs plutôt que par des journalistes pour plusieurs raisons: d'abord pour vous encourager à lire de manière étendue, ce qui trop souvent n'est pas proposé aux étudiants non littéraires pour lesquels 'lecture' est souvent synonyme de lecture de la presse. Ensuite, pour vous proposer un panorama représentatif du travail des chercheurs français dans des domaines comme la sociologie, la démographie, la science politique, la géographie ou l'économie et vous encourager à aborder ces problèmes de manière scientifique. Enfin, nous vous suggérons d'utiliser ces textes lors de séminaires qui devraient se dérouler en français pour développer votre pratique de l'oral à un niveau avancé.

Ce premier volume de la série 'Readers in contemporary French civilisation' est consacré aux habitants de la France, et aux grands thèmes de l'actualité sociale. Sa lecture devrait vous permettre de réfléchir – et de répondre – à des questions telles que: La natalité est-elle suffisante pour assurer le remplacement des générations? Peut-on parler de la fin de la famille? Les classes sociales existent-elles encore? Est-ce qu'on naît pauvre ou est-ce qu'on le devient? Peut-on expliquer la montée du racisme? etc.

Conseils de lecture

Lire des textes en langue étrangère est au premier abord intimidant et déroutant. Mais ne vous laissez pas décourager. Nous vous proposons quelques stratégies que vous pourrez adopter – et peut-être adapter – selon vos besoins.

Avant même de commencer à lire le texte, définissez vos **objectifs**. Cherchez-vous des informations ponctuelles spécifiques? Ou plutôt à identifier la position de l'auteur sur le sujet? Vos objectifs sont-ils plutôt linguistiques (lexique, repérage de structures, etc. . . .) ou plutôt liés au contenu?

En fonction de vos objectifs, vous choisirez des **stratégies de lecture** différentes: survol et repérage d'informations, lecture 'en diagonale' (par exemple la première phrase de chaque paragraphe) permettant de repérer la structure du texte, lecture globale suivie d'une lecture détaillée du texte entier ou d'une partie, etc.

Toujours avant d'aborder la lecture du texte proprement dit, et en guise de préparation mentale, essayez de faire quelques hypothèses, quelques prévisions. Par exemple, notez 5 ou 6 mots-clés que vous pensez trouver dans le texte. Vous pouvez aussi noter en 2 ou 3 phrases ce que vous pensez trouver dans le texte. Ces 'échauffements' ont pour but de mobiliser votre esprit et les ressources de votre mémoire.

Lorsque vous commencez à lire, essayez de lire le texte – ou la section qui vous intéresse – en entier, d'un seul coup, sans vous arrêter pour chercher le sens des mots que vous ne comprenez pas. Laissez vous 'porter' par le texte. Si vous craignez d'être arrêté par le vocabulaire technique, vous pouvez consulter le lexique situé après chaque texte avant de commencer à lire.

Avant de chercher un mot dans le dictionnaire, vérifiez s'il est expliqué dans le lexique. Dans ce cas il est suivi d'un astérisque (*). Pensez aussi à mobiliser vos propres ressources et vos connaissances générales – pas seulement en français: le contexte vous permet-il de faire des hypothèses sur le sens de ce mot? connaissez-vous d'autres mots de la même famille? connaissez-vous un mot voisin en anglais? Vérifiez que vos hypothèses ont un sens dans le contexte donné.

Lisez le texte plusieurs fois. Lors des lectures suivantes, efforcez-vous de repérer la structure du texte en mettant en évidence les articulations logiques entre les paragraphes et les différentes parties. Utilisez les indices que constituent les formules introductives (d'abord, avant tout, . . .) les mots de liaison (et, puis, en outre, même, à plus forte raison, donc, par conséquent, etc. . . .), les articulations de rappel (ainsi, de même, . . .) etc. Notez le plan du texte pour mettre en évidence l'enchaînement des idées de l'auteur.

Notez les constructions inhabituelles, les expressions qui vous ont frappés parce qu'elles sont particulièrement bien adaptées. Elles pourront vous être utiles lorsque cela sera votre tour d'écrire.

Ne vous découragez surtout pas. N'oubliez pas que c'est en forgeant que l'on devient forgeron: ce qui vous paraît une tâche insurmontable la première fois, devient, avec l'habitude et la pratique, presque naturel.

Chapitre 1

Évolution de la population

1.1 Les tendances démographiques globales

Ce volume a pour but essentiel de donner un aperçu sur la population de la France à notre époque. Mais pour bien comprendre le présent, il est indispensable d'en retrouver les origines dans le passé. Rien n'illustre mieux le poids du passé sur le présent que la structure d'une population à un moment donné. La pyramide des âges (*figure 1*) est la représentation graphique de cette structure et elle illustre très clairement quel est le résultat direct sur le présent d'une série d'événements et de comportements qui se sont déroulés au cours d'un siècle entier.

Lorsqu'une femme fête son centenaire en 1994, nous célébrons à travers elle les circonstances de la fin du siècle dernier, qui ont favorisé sa naissance, et toute l'histoire du vingtième siècle, qui a assuré sa survie. Lorsque la pyramide de 1993 montre une importante prépondérance des quadragénaires sur les sexagénaires – avec des effets difficiles à mesurer, mais assurément significatifs, sur la société actuelle – nous en cherchons l'explication dans les circonstances et les comportements différents des années 30 et des années 50.

En effet, pour bien comprendre non seulement les réalités contemporaines, mais aussi les débats qui les entourent, il est aussi nécessaire de rappeler brièvement un passé plus lointain, un passé qui a profondément marqué la démographie de la France et en fait un cas très particulier.

Alors que, du passé le plus lointain jusqu'à la veille de la Révolution de 1789, elle était le pays le plus peuplé de l'Europe, la France compte actuellement moins d'habitants que l'Allemagne ou l'Angleterre. Comment s'explique ce renversement?

Pour presque toute l'Europe, le XIXe siècle fut celui de la **transition démographique**, c'est-à-dire du passage d'un régime démographique 'ancien' à un régime moderne. Le premier, que l'on trouve dans toutes les sociétés préindustrielles, est caractérisé par un taux de natalité

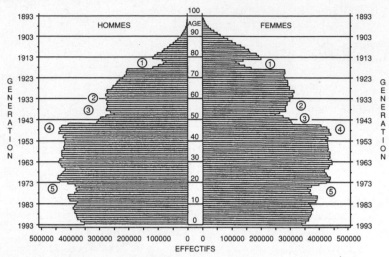

Figure 1: Répartition de la population totale au 1er janvier 1994 par sexe et âge
Source: Statistiques de l'état civil, INSEE
1 Déficit des naissances dû à la guerre de 1914–18 (classes creuses)
2 Passage des classes creuses à l'âge de fécondité
3 Déficit des naissances dû à la guerre de 1939–45
4 'Baby-boom'
5 Non remplacement des générations

relativement élevé, avec de multiples naissances par femme, mais aussi par un taux de mortalité, surtout infantile, qui annule en grande partie les effets des naissances. Il en résulte une population relativement stable.

Le progrès médical et surtout sanitaire ainsi que l'évolution des comportements bouleversent ce régime. Il en résulte un nouvel équilibre, caractérisé par des niveaux nettement plus modérés de natalité comme de mortalité.

Entre ces deux mouvements, il y a cependant un décalage important, la baisse de la mortalité précédant de plusieurs générations la baisse de la natalité, créant ainsi pendant l'intervalle un excédent considérable de naissances. C'est à ce phénomène qu'est aujourd'hui confronté une grande partie du Tiers Monde. En Europe, ce décalage a eu lieu au XIXe siècle et a résulté en une explosion de population, qui est passée de 145 à 570 millions entre 1750 et 1950.

La France constitue un cas particulier car ce décalage y a été d'une brièveté exceptionnelle, la baisse de la natalité suivant la baisse de la mortalité dès la seconde moitié du XVIIIe siècle, alors qu'ailleurs en

Europe, un siècle sépare les deux phénomènes. La France reste donc relativement à l'écart de l'explosion démographique que connaissent ses voisins au XIXe, avec des conséquences qui pèsent lourdement sur son histoire.

En premier lieu, le pays – ou du moins sa classe politique – a une conscience aiguë de sa 'faiblesse' démographique, suscitant polémiques et débats qui continuent jusqu'à nos jours, en dépit d'une situation présente plutôt favorable en comparaison avec celle des pays voisins.

En deuxième lieu, tandis que l'Europe en général devient une source d'émigration, la France devient dès le milieu du XIXe siècle un pays d'immigration. Il est indispensable de replacer les débats actuels sur 'les immigrés' dans un contexte historique qui explique qu'un Français sur cinq compte au moins une personne d'origine étrangère parmi ses grands-parents *(voir chapitre 4)*.

Dès la fin du XIXe siècle, on entre dans une époque qui marque toujours la situation démographique d'aujourd'hui, qui porte la trace de toute une série de bouleversements de courte durée greffés sur l'équilibre fondamental sorti de la transition démographique. Ces évolutions seront tracées en plus de détail dans notre deuxième texte, et nous nous contentons ici de vous présenter celles qui permettent de comprendre les irrégularités de la pyramide actuelle *(figure 1)*.

La courbe déchiquetée autour des 73–78 ans – les classes creuses – reste la marque la plus évidente des effets démographiques de la Grande Guerre, plus à cause du déficit des naissances (1,2 millions entre 1914 et 1919) qu'à cause du million et demi de morts (dont la trace est maintenant diluée par la mortalité normale d'une génération qui aurait entre 90 et 100 ans en 1994).

Entre les deux guerres, le taux de natalité reste assez bas. Cette stagnation a, aujourd'hui, des conséquences que l'on peut discuter, mais qui sont peut-être, et paradoxalement, positives, dans la mesure où le pays 'manque' (relativement) de retraités, qui seraient une charge sur la communauté, et de quinquagénaires, dont le rôle de 'leadership' est donc passé, par la force des choses, à des personnes plus jeunes, censées être plus dynamiques. Nous allons voir plus tard *(voir sections 1.3 et 1.4)* quels effets peuvent être attribués à ces proportions variables de jeunes et de moins jeunes.

Mystérieux phénomène que le taux de natalité. Car c'est en 1942, aux pires jours de l'Occupation de la France par les Allemands, que s'amorce le retournement, confirmé à la Libération par le baby-boom partagé avec tous les pays combattants. De 1946 à 1965, le pays connaît le taux d'accroissement naturel le plus fort de son histoire. Le poids important des classes d'âge de 20 à 50 ans qui en résulte, et qui représente un atout (provisoire) pour l'économie, est facilement lisible sur la pyramide des âges de 1994.

Provisoire car, vers la fin des années 60, et surtout après 1974 on assiste à un nouveau renversement de conjoncture, en fait une baisse rapide de la natalité, qui a pour effet de rétrécir la base de la pyramide – au lieu de l'élargir, comme dans un régime démographique 'naturel'.

Ce qui donne lieu à de nouveaux cris d'alarme venant de ceux qui voient la France incapable d'assurer le remplacement des générations et condamnée au repli. En démographie, cependant, rien n'est jamais inéluctable à long terme, et il est impossible de savoir si ce sont les indices de 1955 ou ceux de 1985 qui se révéleront anormaux. Même à l'intérieur de l'Hexagone, l'indice de fécondité varie de 1,44 en Limousin à 2,01 dans le Nord–Pas-de-Calais. Lequel préfigure l'avenir?

Ces derniers chiffres montrent à quel point la réalité française est diverse. Parler de la situation française, donner des statistiques globales gomme cette diversité au profit d'une certaine simplification.

Notre premier texte, de Christine Couet, chercheur à l'INSEE, présente l'ensemble des facteurs qui déterminent l'évolution de la population. L'étude de certains de ces facteurs sera approfondie dans d'autres textes de cet ouvrage.

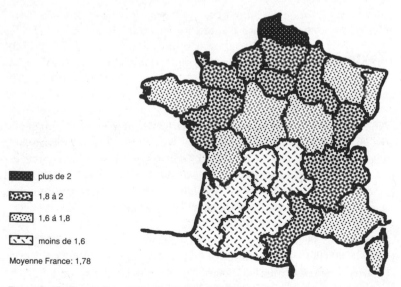

■■■ plus de 2

▨▨▨ 1,8 à 2

▨▨▨ 1,6 à 1,8

▨▨▨ moins de 1,6

Moyenne France: 1,78

Figure 2: L'indice de fécondité selon la région (1990)
Source: adapté de INSEE, La France et ses régions, 1993, p. 120

INSEE et INED

L'Institut national de la statistique et des études économiques (INSEE), créé en 1946, est l'organisme français chargé de la collecte de l'information démographique et économique. L'INSEE a organisé les recensements (1954, 1962, 1968, 1975, 1982 et 1990) et réalise par ailleurs d'importantes enquêtes sur les familles, la mortalité, l'emploi, le logement, la formation et la qualification professionnelle, etc.

L'Institut national d'études démographiques (INED), créé en 1945 sous l'impulsion du démographe Alfred Sauvy est un organisme public spécialisé dans les études et recherches démographiques, à la fois distinct de l'administration statistique et de l'université. Ses domaines d'étude couvrent tous les aspects traditionnels de la démographie: fécondité, nuptialité, mortalité, migrations intérieures et extérieures, structures générales de la population, démographie théorique.

Texte 1.1.1
Couet, C., 'Bilan démographique de 1993', *INSEE Première*, no 294, février 1994

La France métropolitaine* compte 57,8 millions d'habitants au 1er janvier 1994. La progression de sa population en 1993 a été inférieure à 0,5%. Baisse importante des naissances et augmentation des décès ont ralenti le mouvement naturel. Cependant la France apparaît comme un des pays d'Europe les plus dynamiques du point de vue démographique.

Avec environ 712 000 naissances et 528 000 décès, l'excédent naturel* en France métropolitaine représente en 1993 un peu plus de 0,3% de la population, contre 0,4% les années précédentes. Pour l'essentiel, ce ralentissement résulte d'une baisse importante de la natalité *(tableau 1)*. En tenant compte du solde migratoire*, estimé provisoirement au niveau de 1992, soit +90 000, la population de la France métropolitaine atteint 57,8 millions d'habitants au 1er janvier 1994. Sa progression est inférieure à 0,5%.

Tableau 1: Évolution générale de la situation démographique

Année	Nuptialité	Taux pour 1000 habitants		Variation naturelle	Taux de mortalité infantile[a]
		Natalité	Mortalité		
1983	5,5	13,7	10,2	+3,5	9,1
1988	4,8	13,7	9,3	+4,4	7,8
1990	5,1	13,4	9,3	+4,1	7,3
1991	4,9	13,3	9,2	+4,1	7,3
1992*	4,7	13,0	9,1	+3,9	6,8
1993*	4,4	12,3	9,2	+3,1	6,5

[a]pour 1 000 nés vivants
*provisoire
Source: Statistiques de l'état civil, INSEE

Bien qu'affaibli, le facteur naturel contribue toujours majoritairement à la croissance de la population.

Dans l'Union européenne, la France se situe, avec l'Irlande et les Pays-Bas, parmi les pays ayant les taux d'accroissement naturel* les plus élevés. A l'opposé, l'ensemble de l'Allemagne, Est et Ouest, enregistre depuis de nombreuses années plus de décès* que de naissances. Depuis dix ans, le taux d'accroissement naturel des Douze est en dessous de 0,2% et continue de baisser progressivement.

Importante diminution des naissances en 1993

712 000 enfants sont nés en 1993, soit 31 000 de moins qu'en 1992. La baisse du nombre de naissances, continue depuis 1989, s'accentue: d'à peine –1% les trois premières années, elle passe à –2% en 1992 et –4% en 1993.

La fécondité enregistre une baisse comparable car le nombre de femmes d'âge fécond augmente très peu: de 180 enfants pour 100 femmes en 1988 l'indicateur conjoncturel de fécondité* diminue à 173 en 1992 et 165 en 1993 (tableau 2).

Un tel recul de la fécondité du moment s'est déjà produit auparavant: il correspond à peu près à la tendance moyenne observée entre 1964 et 1976 (baisse de 290 à 183 enfants pour 100 femmes). Les quinze années qui suivirent se sont caractérisées par une relative stabilité, malgré une poussée* au début des années 80 suivie d'une brusque chute en 1983. Figurant jusqu'à ccs dernières années parmi les pays les plus féconds d'Europe, la France tend actuellement à se rapprocher de la moyenne européenne.

Tableau 2: Fécondité selon l'âge pour 100 femmes

| Année | Total | Indicateur conjoncturel de fécondité[a] | | | | | | Age moyen des mères |
		15–19 ans	20–24 ans	25–29 ans	30–34 ans	35–39 ans	40 ans et plus	
1983	178,37	6,77	52,32	67,69	36,18	12,52	2,89	27,1
1985	181,36	5,70	48,41	70,76	39,44	13,91	3,14	27,5
1990	177,69	4,38	37,26	69,01	45,35	17,86	3,83	28,3
1991	176,64	4,36	35,87	68,64	45,60	18,27	3,90	28,4
1992*	172,82	4,13	33,35	66,97	45,86	18,51	4,00	28,5
1993*	165							

[a]voir texte encadré p. 11 et section 1.2
*provisoire
Source: Statistiques de l'état civil, INSEE

L'Europe, dans son ensemble, est engagée dans un long mouvement de baisse. Pour les seuls pays de l'Union européenne, l'indicateur de fécondité est passé de 182 à 148 enfants pour 100 femmes entre 1980 et 1992. Depuis 1990, la baisse s'est accentuée dans presque tous les pays européens. Ainsi la reprise qui avait été observée à la fin des années 80 en Europe du Nord ne s'est pas confirmé: 209 enfants en Suède en 1992 contre 214 en 1990, 188 contre 193 en Norvège. Depuis la réunification l'indicateur allemand s'est effondré: 130 enfants pour 100 femmes en 1992. De son côté, l'Europe méridionale affiche des taux très bas: 123 en Espagne, 126 en Italie, 141 en Grèce.

La prolongation des études, l'élévation du taux d'activité féminin et une meilleure maîtrise de la contraception se sont accompagnées d'une réduction progressive de la fécondité des femmes de 18 à 28 ans au cours de ces vingt dernières années. Toutefois cette évolution s'est faite en France sans grande incidence* sur leur descendance finale*. Ainsi les Françaises nées avant le début des années 60 sont les plus fécondes de l'Union européenne après les Irlandaises. Elles auront en moyenne plus de deux enfants par femmes (tableau 3). Elles ont progressivement retardé l'arrivée de leurs enfants et l'âge moyen à la maternité a augmenté régulièrement; 28,5 ans en 1992 contre 27,5 en 1985 (tableau 2). La France est en phase avec les autres pays européens: la moyenne des Douze est de 28,2 ans en 1990.

Cependant, la chute en 1993, vu son ampleur, ne s'explique pas seulement par un recul* de l'âge à la maternité; elle tient aussi probablement à une baisse de la fécondité à tous les âges qui, si elle persistait, pourrait affecter la fécondité des générations.

Tableau 3: Nombre moyen d'enfants pour 100 femmes à divers âges par génération

Génération	20 ans	22 ans	24 ans	26 ans	28 ans	30 ans	34 ans	38 ans	44 ans	50 ans
1930	22,4	52,9	90,4	127,7	161,4	189,8	231,1	253,3	263,1	263,4
1940	21,2	53,8	96,3	135,7	167,9	193,3	225,1	236,6	241,1	241,4
1950	24,0	55,3	88,5	117,3	142,8	164,3	191,8	205,4		
1952	24,2	53,9	82,8	112,4	139,9	162,6	190,7	205,8		
1954	24,7	48,9	78,1	109,1	137,5	159,2	189,9			
1956	22,4	46,2	75,9	107,7	134,8	158,1	190,6			
1958	19,8	42,7	72,1	102,1	130,8	155,2	188,8			
1960	17,5	39,2	66,3	96,7	125,6	150,5				
1962	15,4	34,3	60,1	89,5	118,1	143,1				
1964	12,9	29,5	52,6	80,4	108,9					
1966	10,9	25,2	46,2	72,7						
1968	9,6	22,6	42,0							
1970	8,5	20,2								
1972	7,8									

Lecture: 100 femmes nées en 1962, ont déjà mis au monde 60 enfants à 24 ans, elles en ont eu 118 à 28 ans.
Source: Statistiques de l'état civil, INSEE.

Moindre recul de la mortalité

Les décès survenus en 1993 sont estimés à 528 000, soit environ 6 000 de plus que l'année précédente. L'épidémie de grippe en décembre 1993 contribue à ce surcroît* de décès d'autant que la fin de l'année 1992 avait été particulièrement épargnée.

L'accroissement et le vieillissement de la population auraient dû entraîner une augmentation de plus de 10 000 du nombre de décès. La baisse tendancielle de la mortalité se poursuit donc, mais elle se ralentit. Le gain annuel moyen d'espérance de vie* sur les cinq dernières années, voisin de 0,2 année* est inférieur à celui des cinq années précédentes (0,3 année).

En 1993, l'espérance de vie à la naissance est estimée à 81,5 années pour les femmes et 73,3 années pour les hommes (*tableau 4*). Dix ans auparavant, elle était respectivement de 78,8 et 70,7 années.

Avec à peine plus de 9 décès pour 1 000 habitants, le taux de mortalité en France est en dessous de la moyenne de l'Union européenne. Les dernières données disponibles pour les douze, qui portent sur l'année 1991, donnent toujours aux Françaises le privilège de la plus grande longévité*, tandis que celle des Français est voisine de la moyenne.

Selon les résultats provisoires, la baisse de la mortalité infantile s'est accélérée en 1992: 68 décès d'enfants de moins d'un an pour 10 000 naissances vivantes contre 73 les deux années précédentes. Pour 1993, le taux est estimé à 65 décès pour 10 000 naissances (*tableau 1*).

Tableau 4: Espérances de vie à divers âges

Année	Hommes					Femmes				
	0 an	1 an	20 ans	40 ans	60 ans	0 an	1 an	20 ans	40 ans	60 ans
1985	71,3	70,9	52,5	34,0	17,9	79,4	79,0	60,4	41,1	23,0
1990	72,7	72,4	53,9	35,5	19,0	80,9	80,4	61,8	42,4	24,2
1991	72,9	72,5	54,0	35,7	19,2	81,1	80,6	62,0	42,6	24,4
1992*	73,2					81,4				
1993*	73,3					81,5				

*provisoire.
Lecture: en 1991, l'espérance de vie des femmes de 20 ans est de 62 ans. Ce chiffre représente le nombre moyen d'années restant à vivre aux femmes de 20 ans, avec les conditions de mortalité par âge observées en 1991.
Source: *Statistiques de l'état civil, INSEE.*

Une estimation des migrations

En 1993, l'excédent migratoire a été provisoirement estimé à 90 000 personnes. Le bilan définitif sera établi pour l'essentiel à partir des statistiques d'entrées d'étrangers retracées par l'Office des migrations internationales (OMI).

En 1992, selon la définition retenue par le Haut Conseil à l'intégration, le flux* d'immigration d'étrangers avait progressé et atteignait 110 000 personnes. Le recul de l'immigration de type familial et la baisse du nombre de réfugiés reconnus étaient plus que compensés par l'augmentation des entrées au titre du travail. A l'origine de cette hausse se trouvaient la mesure d'admission exceptionnelle au séjour des demandeurs d'asile déboutés* mais surtout l'accès à la libre circulation au sein de l'Union européenne des travailleurs ibériques* entraînant un afflux d'environ 15 000 travailleurs portugais. Le solde migratoire de 1992 se stabilisait toutefois à +90 000 personnes.

Selon les données encore incomplètes de l'OMI sur l'année 1993, l'évolution des flux est incertaine: l'immigration familiale a progressé alors que le nombre de réfugiés politiques reconnus a diminué. C'est pourquoi, en première estimation, l'excédent migratoire de 1993 est maintenu au niveau de 1992.

Mariages: la baisse s'accélère

Pour la troisième année consécutive, le nombre de mariages diminue. En 1993 la baisse s'accélère avec seulement 254 000 unions* célébrées, soit 6% de moins qu'en 1992; les deux années précédentes elle était de l'ordre de 3%. Sur longue période le recul est spectaculaire: en vingt ans le nombre annuel de mariages s'est réduit de 40%.

Tableau 5: Premiers mariages pour 100 femmes

Année	Total	15–19 ans	20–24 ans	25–29 ans	30–34 ans	35–39 ans	40–44 ans	45–50 ans
		Dont part du groupe						
1985	53,70	4,67	29,46	13,72	3,80	1,23	0,50	0,32
1990	56,30	2,19	25,38	19,80	5,89	1,91	0,73	0,40
1991	54,82	1,99	23,42	20,05	6,16	2,04	0,74	0,42
1992	53,00	1,63	21,12	20,50	6,42	2,11	0,79	0,43
1993*	49,56							

*provisoire.
Lecture: sur 100 femmes qui présenteraient durant leur vie les conditions de nuptialité observées par âge en 1992, 53 auraient conclu un premier mariage avant 50 ans et 47 seraient encore célibataires à 50 ans.
Source: Statistiques de l'état civil, INSEE

Tableau 6: Pourcentage de femmes déjà mariées à divers âges par génération

Génération	18	20	22	24	26	28	30	35	50
	Age atteint à la fin de l'année								
1930	8,4	38,8	51,7	68,2	77,8	83,4	86,6	90,3	92,7
1952	8,6	32,0	55,9	69,3	76,6	80,7	83,2	86,1	
1962	5,4	19,6	35,1	46,6	55,4	61,8	66,2		
1964	3,8	14,5	27,4	39,5	49,9	57,0			
1966	2,4	9,8	20,9	33,7	44,5				
1968	1,5	7,0	17,2	29,2					
1970	1,0	5,3	13,4						
1972	0,8	4,0							
1974	0,6								

Lecture: parmi les femmes nées en 1952, 83% sont déjà mariées à 30 ans; cette proportion passe à 66% chez les femmes nées en 1962.
Source: Statistiques de l'état civil, INSEE.

Comme la population en âge de se marier est stable, la diminution des premiers mariages traduit une nouvelle baisse de la nuptialité*. Si les femmes avaient durant leur vie les comportements de nuptialité par âge observés en 1993, leur taux de célibat définitif serait de 50% contre 47% aux conditions de 1992 *(tableau 5)* et seulement 10% il y a vingt ans. Pris isolément, ces chiffres amplifient la crise réelle du mariage. Ils doivent être interprétés en tenant compte du recul régulier de l'âge au mariage. Ainsi entre 1982 et 1992, l'âge moyen des nouveaux époux a reculé de 3 ans, de 23,4 à 26,3 ans pour les femmes et de 25,5 à 28,3 ans pour les hommes. En effet, depuis de nombreuses années, les mariages de jeunes célibataires sont de moins en moins fréquents: c'est toujours vrai en 1992 avant l'âge de 26 ans pour les femmes et 28 ans pour les hommes. Inversement, les mariages tardifs* progressent mais ce report de nuptialité est de faible ampleur. Le modèle de cohabitation* hors mariage continue à se diffuser parmi les jeunes: ceux qui l'ont adopté s'y installent plus durablement: 17% des femmes nées en 1952 n'étaient pas encore mariées à 30 ans; cette proportion est passée à 34% pour les femmes nées en 1962 *(tableau 6)*.

En comparaison avec nos voisins, le mariage est en France moins fréquent et plus tardif. Avec à peine plus de 4 unions pour 1 000 habitants, la France a, avec l'Irlande, les taux les plus bas de l'Union européenne, dont la moyenne était de 5,6 en 1992.

Pour comprendre ces résultats

Pour l'année 1993, les résultats provisoires ont été évalués à partir des statistiques de l'état civil* sur les neufs premiers mois de l'année et de l'enquête démographique auprès d'un échantillon de grandes villes en ce qui concerne les mois d'octobre et de novembre.

L'indicateur conjoncturel de fécondité est la somme des taux de fécondité par âge observés une année donnée. Cet indicateur donne le nombre d'enfants qu'aurait une femme tout au long de sa vie féconde (15–49 ans), si les taux de fécondité observés actuellement à chaque âge demeuraient inchangés.

L'espérance de vie à la naissance est égale à la durée de vie moyenne d'une génération fictive qui aurait tout au long de son existence les conditions de mortalité par âge de l'année considérée.

L'indicateur des premiers mariages est obtenu en additionnant les taux de nuptialité des célibataires selon l'âge (rapport des premiers mariages des femmes à l'effectif* total des femmes de même âge).

Ces différents indicateurs sont indépendants de la structure par âge de la population. Ils caractérisent la situation du moment tout en permettant des comparaisons dans le temps et dans l'espace.

Lexique

excédent: *(m)* un surplus. L'excédent naturel est le surplus des naissances sur les décès.

solde: *(m)* la différence entre deux mouvements de sens opposé. Le solde migratoire est la différence entre les entrées dans un pays et les sorties de ce pays.

taux d'accroissement naturel: *(m)* mesure du rythme de croissance d'une population dû à l'excédent des naissances sur les décès

décès: *(m)* la mort

indicateur conjoncturel de fécondité: *(m) voir encadré p. 11 et texte 1.2.1*

poussée: *(f)* augmentation

incidence: *(f)* un effet, une conséquence

descendance finale: *(f) voir p. 13 et texte 1.2.1*

recul: *(m)* diminution, retour à une situation antérieure

surcroît: *(m)* nombre supplémentaire

espérance de vie: *(f) voir encadré p. 11*

0,2 année: soit 2,4 mois

survenir: se produire, arriver

longévité: *(f)* le fait de vivre, de durer longtemps

flux: *(m)* mouvement, déplacement. En démographie, le nombre de personnes qui entrent ou sortent (d'un pays par exemple).

demandeurs d'asile déboutés: *(m)* les réfugiés à qui le droit de rester en France a été refusé par les autorités françaises

ibériques: d'Espagne et du Portugal

union: *(f)* ici, mariage

nuptialité: *(f) voir encadré p. 11*

tardifs: qui ont lieu après le moment prévu, plus tard que normalement

cohabitation: *(f)* le fait de vivre ensemble *(voir texte 2.1)*

état civil: *(m)* service public chargé, dans les communes, d'enregistrer les naissances, les décès, les mariages, les divorces et les adoptions dans un registre

effectif: *(m)* nombre (de personnes dans un groupe)

Compréhension

1. Identifiez les différents éléments qui se combinent pour faire évoluer la population d'un pays.
2. Expliquez les rapports entre le taux de fécondité et l'âge à la maternité pendant les vingt dernières années.

3. Comment peut-on expliquer le ralentissement des gains annuels d'espérance de vie?
4. Quels problèmes particuliers pose l'évaluation des migrations?
5. Quels effets le recul de l'âge au mariage a-t-il sur le taux de nuptialité?

1.2 La fécondité et l'avenir

L'avenir démographique d'un pays développé comme la France dépend essentiellement des milliers de décisions individuelles qui, sur l'ensemble de la population, constituent les indices de fécondité.

Sans entrer trop dans les détails techniques, il est important de bien savoir distinguer entre les deux moyens déjà mentionnés de mesurer la fécondité d'une population: d'une part l'**indice synthétique de fécondité** ou **indicateur conjoncturel de fécondité** et d'autre part la **descendance finale**. Les confondre peut conduire à supposer le pire (ou le mieux) à partir d'un indice peu fiable à long terme.

Les deux indices ont un point de départ commun dans les taux de fécondité générale par âge, que l'INSEE définit comme le rapport du nombre d'enfants nés des femmes d'une même génération (c'est-à-dire nées la même année) à l'effectif de la génération en début d'année. Par exemple, en 1990, le taux de fécondité pour les femmes nées en 1963 est de 0,15 et signifie donc qu'au cours de cette année, il y a eu 15 naissances pour 100 femmes de 27 ans.

En additionnant les taux de fécondité par âge observés pour une année donnée, on obtient l'indicateur conjoncturel de fécondité défini dans l'encadré du texte 1.1.1. Cet indice permet d'observer les variations d'année en année, mais est très sensible à des phénomènes de courte durée. A la limite, si toutes les femmes dans une certaine population décidaient de remettre d'une année la décision d'avoir un enfant, l'indice tomberait à zéro.

La descendance finale est obtenue en additionnant les taux de fécondité par âge pour une génération réelle, c'est-à-dire – pour reprendre l'exemple cité ci-dessus – le nombre d'enfants mis au monde par les femmes nées en 1963 au cours de leur vie féconde. Cet indice, pour être plus fiable que l'autre, souffre d'un inconvénient majeur, qui est qu'il ne peut être calculé en toute rigueur qu'après coup, c'est-à-dire, à un moment où on peut être quasiment certain que toutes les femmes de cette génération ne sont plus fécondes (en l'occurrence, vers l'année 2013 . . .). L'indice commence donc comme un pur pronostic avant de s'approcher peu à peu de la certitude.

Cette distinction est importante en raison du débat sur la question de savoir si, oui ou non, en France, la fécondité actuelle suffit pour assurer **le remplacement des générations**, c'est-à-dire la situation dans laquelle chaque génération est remplacée par une autre de même taille. Dans la France actuelle, le taux de fécondité nécessaire pour assurer un tel remplacement est de 2,1, compte tenu de la 'surnatalité' masculine et de la mortalité avant l'âge adulte.

Or, voilà maintenant presque vingt ans que l'indice conjoncturel de fécondité reste en dessous de ce seuil fatidique. Peut-on en conclure que la France est condamnée au repli démographique? Rien n'est moins sûr, comme le montre l'article suivant, qui met l'accent sur l'importance du **calendrier de fécondité** – essentiellement l'âge auquel une femme décide de commencer à constituer une famille – et l'influence de cette décision sur les deux indices.

L'intérêt de l'article est cependant loin d'être purement technique. Cette décision, et celles qui la suivent, comme le nombre d'enfants souhaité, sont prises dans un contexte économique, socioculturel et légal dont l'évolution est tracée ici pour donner une idée de la réalité humaine déchiffrable sous des indices apparemment abstraits.

Texte 1.2.1

Desplanques, Guy, 'Un siècle de difficultés à assurer le remplacement des générations', *La Société Française, Données sociales 1993*, INSEE, 1993, pp. 16–23

Au début du XIXe siècle, les femmes françaises mettaient au monde plus de quatre enfants en moyenne. Mais la forte mortalité, tant en bas âge que dans l'enfance et au début de la vie adulte, prélevait un lourd tribut*: sur quatre enfants, à peine deux arrivaient à l'âge d'être eux-mêmes parents. La fécondité, en apparence élevée, ne suffisait pas au remplacement des générations.

Tout au long du XIXe siècle, la fécondité des femmes françaises déclinait en même temps que baissait la mortalité, et le remplacement des générations n'était pas toujours assuré. La France, pourtant terre d'immigration, n'augmentait sa population que très lentement. Elle se distinguait ainsi de ses voisins. Hors de nos frontières en effet, la fécondité restait nettement plus élevée et assurait un fort excédent* des naissances sur les décès. En 1800, la France était le pays le plus peuplé d'Europe en dehors de la Russie. Un siècle plus tard, elle était devancée par l'Allemagne, le Royaume-Uni et l'Italie.

Figure 3: Descendance finale des générations 1900 à 1945 et descendance
nécessaire au remplacement
Source: Article de J.-P. Sardon, Population, no 6, novembre–décembre 1990

Dans les sphères dirigeantes*, ce déclin suscitait de larges inquiétudes: la
défaite de 1871* avait marqué les esprits et l'on établissait un lien entre
potentiel militaire et potentiel démographique.

La diminution de la fécondité n'en continuait pas moins. C'est ainsi que les
femmes nées vers 1890 ont eu 2,1 enfants en moyenne. Leur vie féconde a
été, il est vrai, largement perturbée par la guerre.

Moins fécondes encore, les femmes nées vers 1900 n'en ont eu que deux
(figure 3). Jamais la fécondité n'a été aussi faible. Plusieurs facteurs se sont
conjugués* pour conduire à un tel niveau. D'une part, les femmes de ces
générations ont eu 20 ans à la fin de la guerre. En dépit d'une immigration
masculine importante de 1920 à 1930, certaines d'entre elles n'ont pu
trouver de conjoint*: à titre d'exemple, 30% des hommes de la génération

1894 avaient péri au combat. Ces femmes restées sans enfant ont souvent été dénommées 'vierges noires'. Mais cela n'explique pas tout. Beaucoup de couples aussi sont restés inféconds; près de 16% parmi ceux formés vers 1920, lesquels ont constitué leur descendance au cours de l'entre-deux-guerres.

La loi de 1920, qui interdit l'avortement et réprime la publicité pour la contraception, n'a pas entraîné de reprise en matière de fécondité. La remontée de la natalité de 1920 et 1921, qui accompagne les retrouvailles des couples séparés par la guerre et la multiplication des mariages, est à la fois brève et de très faible ampleur*. Sur le plan économique, après une courte reprise, l'entre-deux-guerres est dominé par une crise de longue durée dont on ne peut négliger les conséquences sur la fécondité.

Remontée de la fécondité avec les générations 1920–1930

Les générations qui ont suivi ont été plus fécondes. Ainsi, les femmes nées en 1910 ont eu 2,27 enfants en moyenne. Le regain* est d'importance. Pourtant ces femmes n'ont été influencées que tardivement par le climat nouveau qui s'instaure pour les familles à partir de 1939, et dont l'adoption du Code de la Famille* marque une étape importante. En outre, la seconde guerre mondiale, par les séparations qu'elle a entraînées, est venue atténuer les effets de ce changement de mentalité.

Avec les générations nées après 1915, la remontée de la fécondité se fait nettement sentir: les femmes nées en 1920 ont eu 2,5 enfants. Comme les générations qui vont suivre, jusqu'à celles nées vers 1940, elles sont les actrices du baby-boom. Leur vie féconde se déroule pour l'essentiel au cours d'un âge d'or de la famille qui est aussi une période de reconstruction. L'expansion économique est soutenue, le chômage est inexistant. Sur le plan familial, la baisse de la mortalité et la rareté du divorce confèrent au mariage une grande solidité: les naissances hors mariage sont rares, les mariages sont rapidement suivis de naissances. Dans les milieux modestes, les allocations familiales fournissent une part non négligeable des revenus.

Parmi toutes les générations dont la vie féconde traverse cette période, ce sont les femmes nées entre 1928 et 1930 qui ont eu le plus d'enfants: 2,64. Il faut remonter à la génération 1870 pour retrouver une descendance moyenne aussi élevée. Mais ce nombre d'enfants n'a pas du tout la même signification, tant pour les familles elles-mêmes que pour l'ensemble de la société, car la mortalité infantile (avant un an) et au cours de l'enfance a chuté considérablement. La descendance voisine de 2,7 enfants de la génération 1870 était loin d'assurer le remplacement des générations. Une descendance inférieure, dans la génération 1930, assure un taux de croissance comme la France n'en a pas enregistré depuis plusieurs siècles pendant une période aussi longue.

Nouvelle chute de la fécondité

Avec les générations plus récentes, la fécondité se réduit, surtout à partir de la génération 1945. Les femmes sont de moins en moins marquées par le climat des années 50 et 60. La contraception moderne apparaît dans les années 60: la loi Neuwirth l'autorise en 1967. Dans un premier temps, elle facilite le développement de la sexualité des jeunes, mieux tolérée par les parents et par la société. Il en résulte, au cours des années 60 et au début des années 70, une grande précocité des premières naissances, dont certaines se produisent parce que la contraception a échoué. Mais peu à peu, les méthodes modernes se diffusent, donnant aux couples la possibilité de mieux choisir le nombre de leurs enfants et le moment de les mettre au monde.

Les femmes nées vers 1940, qui entament leur vie féconde au début des années 60, ont encore une fécondité élevée, voisine de 2,4 enfants. La chute est plus nette pour les générations suivantes, qui abordent l'âge des relations sexuelles dans un contexte tout différent: les femmes nées vers 1950 n'auront eu que 2,1 enfants en moyenne. En l'espace de vingt générations (1930–1950), la descendance finale diminue donc de 0,5 enfant par femme.

Les générations récentes assurent à peu près leur remplacement

Pourtant, en termes de descendance finale, la baisse paraît nettement ralentie, sinon enrayée*. On ne peut exclure que les femmes nées vers 1960 aient elles aussi 2,1 enfants. En effet, le taux de fécondité entre 30 et 40 ans devraient continuer de remonter, au moins pendant quelques années, du fait de l'inertie des comportements démographiques. Par exemple, s'il y a de plus en plus de femmes encore sans enfant à 30 ans, et si la propension* à avoir un enfant à 30 ans, pour celles qui n'en ont pas, reste identique, le taux de fécondité à 30 ans, limité aux premiers nés, tend à augmenter. C'est précisément ce qui se passe actuellement.

La descendance proche de 2,1 enfants peut surprendre, quand on sait que l'indicateur conjoncturel de fécondité est voisin de 1,8 enfants par femme depuis près de 15 ans. En fait, si ce dernier indice est aussi bas, et s'il y a un

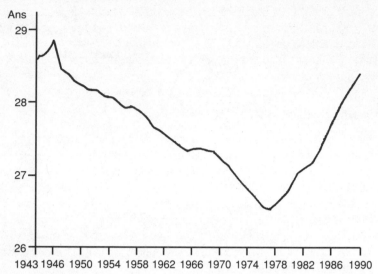

Figure 4: Age moyen des mères à la naissance de leurs enfants de 1943 à 1990
Source: INSEE

tel écart entre la descendance finale et l'indicateur conjoncturel de fécondité, c'est en grande partie parce que le calendrier de constitution des descendances est en train de se transformer.

En un peu plus de dix ans, l'âge des mères à la naissance de leurs enfants s'est accru de près de deux ans *(figure 4)*. Deux ans dans toute une vie, cela peut paraître peu. Mais si les femmes, ou les couples, décident de retarder de deux ans la venue d'enfants sans y renoncer, ce sont à peu près les naissances de deux années qui sont reportées*: le recul de l'âge à l'accouchement* a donc, dans cette hypothèse, provoqué le report de quelque 1,5 million de naissances, plus de 100 000 par an. Bien sûr, ces naissances ne se produiront pas toutes. Mais l'évolution récente montre qu'il y a bien report, au moins partiel: à 34 ans, les femmes nées en 1956 ont une descendance moyenne à peine inférieure à celles nées en 1950: 1,90 et 1,91. Pourtant, à 24 ans, elles avaient un retard important sur leurs aînées: 0,76 enfant au lieu de 0,89. Elles pourraient même s'avérer plus fécondes.

Tant que ce recul* se poursuivra, le nombre de naissances sera appelé à rester relativement bas, même si le remplacement continue d'être assuré. Or, aujourd'hui, rien ne permet de savoir quand ce recul s'arrêtera. La prolongation des études, le chômage des jeunes et leur hésitation à s'engager dans une vie de famille sans une situation* bien établie, ont pour conséquence

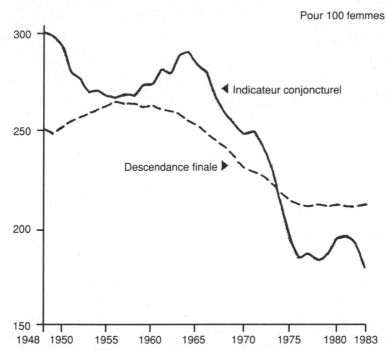

Figure 5: Descendance finale des générations et indicateur conjoncturel de fécondité des années 1948 à 1983
Lecture: Pour chaque année, l'indicateur conjoncturel est celui de l'année et la descendance finale est celle de la génération qui est âgée de 28 ans cette année là, 28 ans étant à peu près l'âge moyen des mères à la naissance de leurs enfants.
Source: INSEE

de réduire la fécondité avant 20 ou même 25 ans. Le souci des femmes de concilier* vie familiale et vie professionnelle conduit à étaler* les naissances. Enfin, les progrès du diagnostic prénatal, qui réduit les dangers liés aux grossesses* 'tardives', peuvent inciter les femmes à avoir des enfants au-delà de quarante ans.

L'émergence du modèle de la famille à deux enfants

Au fil des générations, ce n'est pas seulement la descendance finale qui s'est modifiée. La répartition des familles selon le nombre d'enfants a été bouleversée. Dans les générations peu fécondes nées vers 1900, plus d'une femme sur cinq n'a pas d'enfant, et la famille à enfant unique est la plus

Tableau 7: Répartition des femmes par nombre d'enfants dans les générations 1893 à 1944 (en %)

Génération	0	1	2	3	4	5	6 ou plus
1893–1897	24,9	23,7	21,5	12,6	7,2	3,9	6,4
1898–1902	21,4	25,2	21,6	13,2	7,2	4,2	7,3
1903–1907	19,4	24,8	22,3	13,3	7,7	4,6	7,9
1908–1912	16,8	24,3	23,2	14,6	8,2	5,0	8,0
1913–1917	14,3	21,9	23,8	16,5	9,9	5,5	8,1
1917–1919	15,9	19,8	23,0	16,7	10,1	5,7	8,8
1920–1924	15,6	18,9	23,4	17,2	10,2	6,1	8,5
1925–1929	14,7	18,2	24,1	17,6	10,9	6,1	8,5
1930–1934	12,0	17,5	26,5	19,1	10,8	6,0	8,3
1935–1939	10,7	17,4	29,1	20,9	10,4	5,1	6,4
1940–1944	10,3	18,5	34,2	20,8	8,5	3,7	4,0

fréquente. Mais la famille nombreuse conserve de solides bastions*: environ 20% des femmes ont au moins quatre enfants *(tableau 7)*. L'aléa* entourant la survie des enfants peut expliquer en partie la forte dispersion autour du nombre moyen d'enfants: en cas de décès d'un jeune enfant, les couples cherchent souvent à avoir un enfant supplémentaire. Dès les générations suivantes, l'infécondité se réduit, tandis que la part des familles nombreuses augmente légèrement. Les femmes nées vers 1930 restent rarement sans enfant: environ 12%. La famille de deux enfants est devenue dominante. Mais une forte minorité des femmes fondent une famille très nombreuse: près de 9% ont au moins six enfants.

Une femme sur dix reste sans enfant

La chute de la fécondité à partir des générations 1940 ne constitue pas un retour aux comportements des générations peu fécondes nées vers 1900. Le désir d'enfant reste très vif: à peine 10% des femmes restent sans enfants alors que, dans les générations nées au début du siècle, cette proportion dépassait 20%. La baisse de la fécondité résulte de la raréfaction des familles nombreuses, à partir de trois enfants. La propension à avoir un enfant supplémentaire, pour les femmes qui en ont au moins deux, tombe de plus de 60% pour les générations 1930 et voisines à moins de 50% pour les femmes nées après 1940. Cette évolution, qui s'observe dans tous les pays industrialisés, traduit en partie la disparition des grossesses non désirées. Aujourd'hui, les couples peuvent se limiter au nombre d'enfants qu'ils souhaitent effectivement. Pour quatre femmes sur cinq, la descendance est de un, deux ou trois enfants.

Une fécondité plus élevée que celle des pays voisins (extrait)

Par rapport à ses voisins d'Europe occidentale et aux pays de la CEE, la France détient aujourd'hui une fécondité élevée, qu'on se réfère à la descendance finale ou à l'indicateur conjoncturel de fécondité. En 1988, dans neuf des douze pays de la Communauté, l'indicateur conjoncturel de fécondité avoisine 1,50 enfant par femme ou est plus faible encore *(figure 6)*. L'Irlande est le seul pays à maintenir une fécondité aussi élevée, tandis que la Grande-Bretagne se situe au même niveau que la France. Dans tous les pays situés au sud de l'Europe des douze (Italie, Espagne, Portugal et Grèce), l'indicateur conjoncturel a atteint un niveau très bas.

Dans l'ensemble un peu plus vaste de l'Europe occidentale, plusieurs pays ont enregistré récemment une remontée de cet indicateur. Mais nulle part l'augmentation n'est aussi forte qu'en Suède, où l'indicateur conjoncturel est repassé au-dessus de deux enfants par femme.

Dans la plupart des pays, le bas niveau actuel résulte en partie d'un changement dans le calendrier de constitution des familles. Les descendances finales ne devraient pas être aussi faibles que le suggèrent les indicateurs du moment.

Lexique

tribut: *(m)* ce que l'on est obligé de verser, de donner à une force supérieure, sous forme monétaire (sens propre du mot) ou non, comme ici où l'auteur fait référence à la mortalité infantile

un excédent: surplus

les sphères dirigeantes: *(f)* les groupes qui se trouvent à la tête de l'État

la défaite de 1871: défaite suivant la guerre franco-prussienne de 1870–71, qui marque la fin du deuxième empire (Napoléon III), et entraîne l'annexion de l'Alsace et d'une partie de la Lorraine

se conjuguer: se combiner

conjoint: *(-e; m/f)* époux ou épouse

ampleur: *(f)* grande taille, importance (d'un phénomène)

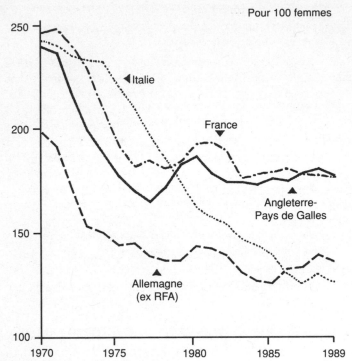

Figure 6: Indicateur conjoncturel de fécondité en France, en Allemagne, en Grande-Bretagne et en Italie de 1970 à 1989
Source: ONU; Eurostat

regain: *(m)* reprise, renouveau
Code de la Famille: *(m)* ensemble des lois et des dispositions légales relatives à la famille, promulgué en juillet 1939, qui met en place un certain nombre de mesures favorables à la famille, comme les allocations familiales
enrayer: mettre fin à un phénomène
propension: *(f)* tendance
reporter: repousser à plus tard
accouchement: *(m)* naissance, vue du point de vue de la mère
recul: *(m)* pas en arrière
situation: *(f)* (ici) un emploi stable
concilier: (ici) mener en même temps une vie professionnelle et une vie familiale
étaler: allonger sur une plus longue période

grossesse: *(f)* le fait d'attendre un enfant
bastion: *(m)* point fort, qui forme une défense solide
aléa: *(m)* événement imprévisible, hasard

Compréhension

1. Comment s'expliquent l'évolution de la natalité et de la fécondité en France depuis 1900? Comparez vos hypothèses aux informations données dans les différents textes.
2. Le nombre d'enfants nécessaire au remplacement des générations est-il une donnée constante? Pourquoi?
3. Qu'est-ce qui peut pousser les femmes françaises à avoir leur premier enfant plus tard? Quel impact ce comportement a-t-il sur le taux de fécondité?
4. Quelles ont été les mesures législatives qui ont pu avoir des effets sur la démographie? Quels effets ont-elles réellement eus?
5. L'inquiétude des dirigeants français vis-à-vis du remplacement des générations a-t-elle sa source dans l'histoire?

1.3   Classes d'âges: troisième et quatrième âges

Si l'hypothèse d'un repli démographique résultant d'une fécondité insuffisante reste incertaine, le vieillissement de la population dans les décennies à venir est désormais inéluctable. Les personnes qui en 2000, 2025 et 2050 auront 60 ans et plus sont déjà nées.

Ce vieillissement de la population est intimement lié au progrès lent mais sûr de l'espérance de vie, qui entre 1900 et 1950 est passée de 43,4 à 63,4 ans pour les hommes, et de 47,0 à 69,2 pour les femmes. Cette étape de son évolution témoigne surtout des progrès dans la lutte contre la mortalité infantile. Plus l'on atteint un âge avancé, moins les progrès de l'espérance de vie sont rapides. La mortalité infantile s'approchant maintenant d'un minimum incompressible, dans les décennies plus récentes c'est sur le recul de la mortalité aux âges les plus élevés que porte l'effort social et médical.

Nous avons déjà vu *(texte 1.1.1)* qu'en 1993, l'espérance de vie d'un homme à sa naissance était de 73,3 ans, celle d'une femme de 81,5 – cette dernière étant la plus élevée du monde. Plus significatif encore, en cette même année, un homme de 60 ans a encore 19,2 années devant lui et une femme 24,4. Non seulement plus de gens survivent au **troisième âge**, de

60 à 75 ans, mais les années de retraite s'allongent régulièrement et on assiste à l'émergence d'une nouvelle classe d'âge, celle des plus de 75 ans que l'on appelle le **quatrième âge**, en pleine expansion.

En chiffres absolus, les plus de 60 ans sont passés de 6,4 millions en 1946 à 11,3 millions en 1993. Leurs effectifs continueront à se gonfler, surtout à partir de l'année 2005, avec l'arrivée à l'âge de 60 ans des générations du 'baby-boom', transformé en 'papy-boom'. Les chiffres exacts dépendront de l'évolution de l'espérance de vie, mais se situeront en 2020 entre 15 et 17 millions.

Plus importante, sans doute, est la part relative qu'ils occuperont dans la population globale, chiffre qui s'est déjà transformé au gré de l'évolution de la pyramide des âges, passant de 12,75% en 1900 à 16,04% en 1946 et à 19,7% en 1993. Ce chiffre continuera selon toute probabilité à s'accroître, mais selon un rythme qui dépend du nombre de nouvelles entrées dans la population et donc du taux de fécondité qui, nous l'avons vu, n'est pas totalement prévisible. Si celui se stabilise au taux de remplacement (2,1), le pourcentage des plus de 60 ans en 2020 se placera selon les estimations de l'INSEE, entre 24,5 et 25,8 (selon l'espérance de vie); s'il reste près de l'actuel indicateur conjoncturel (1,8), leur part s'élèvera à 26,1% ou même 27,5% de la population.

Quoiqu'il en soit, le phénomène pèsera lourdement sur la France de la première moitié du XXIe siècle. Pour certains, une telle prépondérance des retraités dans une société signifie inévitablement manque de dynamisme, voire stagnation sociale et politique; d'autres misent sur la capacité d'adaptation de la société – et des personnes âgées.

Nous présentons ici deux textes qui apprécient la situation de façon contrastée. Le premier met l'accent sur un problème concret et, certes, difficile à résoudre – celui du financement des retraites. L'autre considère, dans une perspective plus sociologique qu'économique et politique – et d'un oeil plus serein – les défis et les possibilités d'une société moins dominée par les jeunes et les actifs.

Texte 1.3.1
Poursin, Jean-Marie, 'Le démon démographique', (extrait), *Le Débat*, no 69, mars–avril 1992, pp. 126–9

Sous un autre angle, on peut s'interroger sur la notion même de vieillissement, le terme de 60 ou 65 ans, alors que tout en devenant officiellement vieux de plus en plus tôt on reste vieux de plus en plus longtemps quand s'affirme sous nos yeux un quatrième âge, celui des plus de 75 ans. Cette nouvelle catégorie de 'vrais' vieillards, insignifiante statistiquement il y a cinquante ans, est aujourd'hui conséquente* et le deviendra encore davantage: deux millions de personnes en 1962, quatre millions en 1990, un poids relatif passé de 4 a 7%, puis 8% dès l'an 2000 et 10% en 2020. Cette progression donnera un véritable coup de fouet* aux dépenses de santé qui sont par tête deux à trois fois plus élevées dans cette classe d'âge que pour la moyenne de la population.

Le quatrième âge a pris forme et portée grâce à l'action d'un mouvement presque insidieux dont le sens et la puissance ont tardé à apparaître. En fin de course, des mutations successives de la démographie contemporaine provoquées par la poussée de ce levier de transformation primordial qu'est la baisse de mortalité, l'une d'entre elles aura complètement modifié le déroulement traditionnel de l'existence humaine et métamorphosé notre condition: la prolongation de la vie moyenne ou – l'expression est synonyme – la hausse de l'espérance de vie à la naissance. A l'échelle de l'espèce, la révolution est majeure. Depuis très peu de temps – 1945 – la possibilité a été donnée aux populations d'Occident de parcourir une vie biologique complète, de l'enfance à la vieillesse. De véritables abîmes* existentiels séparent une société, celle de la tradition, où une femme sur deux meurt avant 18 ans et celle, contemporaine, où 95% des femmes dépassent 65 ans; celle où la moitié des décès avaient lieu avant l'âge de 5 ans et celle où la moitié des décès se situent entre 75 et 90 ans.

C'est au cours des quatre décennies depuis 1950 que ce progrès a été le plus spectaculaire, en France comme dans tous les pays industrialisés d'ailleurs, à l'exception des pays ex-communistes, mais cela est une autre histoire. De 1950 à 1990, l'espérance de vie masculine passe de 63 à 73 ans, celle des femmes de 68 à 80 ans – un gain de dix années de vie, un trimestre par an. Ce bond en avant met en pleine lumière le problème du vieillissement, celui du quatrième âge, des retraites, lorsque l'on constate que désormais les personnes – la très grande majorité, rappelons-le – qui atteignent 65 ans ont encore dix-sept ans de vie supplémentaires. [. . .]

Les données démographiques à l'échelle des cinquante prochaines années sont connues dans leurs grands traits en ce sens que les acteurs de ce futur sont déjà présents dans une grande proportion. Elles font ressortir la conjonction d'éléments défavorables dans la première décennie du prochain siècle et l'apparition rapide de graves difficultés. Deux mouvements de sens contraire dans la succession des générations se conjuguent alors et cumulent les obstacles. C'est à partir de 2005 que les premières générations nombreuses du baby-boom, nées entre 1945 et 1970, atteignent le seuil de la retraite. Après avoir nourri l'âge d'or des retraites et son glorieux automne, elles exerceront leurs droits. Du fait de leur nombre et de l'accentuation du vieillissement, il y aura de plus en plus de retraités, disposant de pensions de plus en plus élevées grâce à l'euphorie des années 70, et vivant de plus en plus longtemps. La lame de fond* s'amplifiera jusqu'en 2030, date à laquelle la dernière cohorte des 'baby-boomers' arrivera à 60 ans. Mais, en contre-partie, et la démographie est là encore en cause, il y aura, on l'a vu, de moins en moins d'actifs pour supporter le surplus de cette vague trentenaire, car c'est aussi vers 2005 que les générations à effectif réduit correspondant à la baisse de fécondité des années 70/80 arriveront à l'âge de l'emploi.

La traversée de cette phase de transition de l'histoire démographique, où des générations creuses succèdent à des générations pléthoriques* sera difficile. Les conséquences de cette inexorable* coïncidence à l'intérieur même du régime s'expriment dans une série de dilemmes qui sont autant de butoirs* contre lesquels viennent achopper* l'équilibre et donc la continuité du système. A législation inchangée, si l'on bloque les cotisations* de façon que la charge des actifs de demain soit égale à ce qu'elle est aujourd'hui, les pensions versées s'amenuiseront* et un régime accordant, par exemple, 50% d'un revenu d'actif en 1990 n'en versera plus que 36% en 2010 et 25% en 2035 – la moitié de ce qu'elle est actuellement. Si l'on continue à lier le niveau des retraites sur celui des revenus moyens d'activité, les taux de cotisation qui atteignent déjà 18,9% du revenu brut grimperont à 26% en 2010 et pourraient se situer à 40% en 2040. On peut également envisager de compenser l'évolution démographique défavorable en renforçant la population des actifs par l'immigration, ce qui exigerait 150 à 200 000 immigrés par an pendant vingt ans.

Bien que les mesures énumérées ici s'inscrivent dans le cadre de la logique institutionnelle du système de répartition*, elles sont, telles quelles, impraticables. Une immigration aussi massive semble peu réaliste, ne serait-ce qu'en raison des demandes d'emplois nouveaux qu'elle entraînerait, alors que le chômage devenu un mal chronique touche près de 10% de la population active. Quant aux deux autres solutions, elles sont incompatibles avec la notion essentielle d'équité entre générations qui est le fondement des transferts successifs de richesse assurés par la répartition. Une diminution des retraites à cotisation fixe équivaut à une amputation par moitié des droits, à une pénalisation des pensionnés qui auront pourtant cotisé à taux plein durant trente-sept ans de vie active. D'un autre côté, la hausse des cotisations équivaut à une ponction* de plus en plus importante sur le niveau de vie de générations successives sans que soit aucunement garanti le risque de voir le sacrifice consenti ne pas aboutir à un équivalent dans la retraite future. Ces deux approches relèvent au fond d'une démarche unique et tendent à déformer et dévier le partage et le transfert des richesses entre actifs et retraités en attribuant une part croissante des revenus d'activité au financement des pensions.

Lexique

conséquente: qui a une certaine importance
un coup de fouet: une énergie supplémentaire
abîmes: *(m)* trous énormes, gouffres
lame de fond: *(f)* phénomène qui sous-tend les autres, qui agit en profondeur
seuil: *(m)* entrée, début (au sens propre: le pas de la porte)
pléthoriques: très nombreux
inexorable: que l'on ne peut empêcher
butoirs: *(m)* objets qui empêchent d'avancer plus loin
achopper: se heurter
cotisation: *(f)* (ici) versements faits par les salariés et les employeurs pour financer les retraites
s'amenuiser: devenir de plus en plus petit
système de répartition: *(m)* système selon lequel les pensions versées aux retraités pendant l'année X sont financées par les cotisations payées par les salariés pendant cette même année. C'est en partie l'adoption de ce système qui explique l'intérêt des Français pour la situation démographique – ce sont les enfants d'aujourd'hui qui, demain, financeront les retraites de leurs parents, voire de leurs grands-parents. (Ce système s'oppose à la retraite par capitalisation, que l'on trouve dans la plupart des autres pays d'Europe.)
amputation: *(f)* fait de couper une partie de quelque chose
ponction: *(f)* (ici) prélèvement, soustraction

Texte 1.3.2
Mendras, H., 'La retraite pour tous', (extrait), *La seconde révolution française*, Gallimard, Paris, 1988, pp. 191–203

Prenons en considération l'ensemble de la catégorie d'âge de soixante à quatre-vingts ans. Elle représente environ 20% de la population et cette proportion variera peu dans les vingt ans qui viennent à cause de l'inégale répartition des âges de la pyramide. La seule certitude est d'ordre social.

L'âge de la retraite dépend d'une décision politique fortement influencée par les contraintes économiques. Cet âge va-t-il encore être abaissé ou relevé? Ou va-t-on inventer un régime de retraite à la carte? Le passage brutal de l'emploi complet à la retraite totale fera place, probablement, dans certains métiers, à des passages progressifs; retraite à temps partiel sur plusieurs années, pour ceux qui le désireront. Le seuil* de la retraite deviendrait une plage, plus ou moins longue selon les professions, de cinquante-cinq à soixante-dix ans. Une autre solution serait de retarder l'âge de la retraite et d'étaler le 'non-travail' tout au long de la carrière, soit en réduisant très fortement la durée hebdomadaire du travail (25 ou 30 heures), soit en organisant pour tous les travailleurs des années 'sabbatiques' qui rythmeraient leur carrière et leur permettraient de se former et de se réorienter*. Toute conjoncture est ici aléatoire*, parce que dépendant d'une décision politique.

Les gens âgés sont plus nombreux à la campagne et dans les petites villes que dans les grandes: près d'un quart de la population rurale a dépassé soixante ans tandis qu'il n'y en a que 17% dans les zones urbaines. Ce contraste a souvent créé des illusions pernicieuses*; on a cru que l'exode rural allait s'accélérer et que des régions entières allaient être frappées de mort. Or, la population des zones rurales a augmenté plus vite que celle des zones urbaines au cours de la dernière période intercensitaire*. En effet, si les gens âgés meurent chacun à leur tour, la population âgée, elle, se perpétue, se reproduit pourrait-on dire. Qu'elle soit relativement plus nombreuse dans les communes rurales et dans les petites villes n'est pas néfaste* pour celles-ci; bien au contraire, ce peut être un atout puisque les gens âgés y attirent leurs descendants et leurs revenus. La population âgée se trouve dans les régions rurales 'traditionnelles', telles que la Creuse*, mais aussi dans des régions très actives qui attirent des retraités et en tirent bénéfice, notamment la région méditerranéenne. Les gens âgés se trouvent de préférence dans la moitié sud de la France, qui est celle dont la population s'est accrue le plus rapidement au dernier recensement: les Français vont vers le soleil, et les retraités préférentiellement. Les Français ont été en moyenne moins mobiles entre 1975 et 1982 que dans les années précédentes, mais le taux de mobilité des gens de plus de soixante ans n'a guère baissé.

L'invention de la retraite pour tous a été une innovation capitale des vingt dernières années. Auparavant seuls les fonctionnaires en bénéficiaient, ce qui faisait l'attrait de la fonction publique pour les fils de bourgeois et de paysans. Les bourgeois vivaient de leur patrimoine* et les paysans de leurs terres et leurs vieux jours étaient ainsi assurés. Il en était de même pour la petite bourgeoisie de la boutique et de l'échoppe*. Quant aux ouvriers salariés de l'agriculture ou de l'industrie, ils travaillaient jusqu'à leur mort et atteignaient rarement l'âge de la retraite. L'exode agricole et la ruine de la bourgeoisie rentière* ont contraint à inventer la retraite, d'abord pour les salariés, puis pour les agriculteurs, petits entrepreneurs et professions libérales*.

La génération de vieux des années 50 et 60 a été la plus défavorisée puisque les bourgeois avaient perdu leur patrimoine, et que des ouvriers de plus en plus nombreux survivaient à leur mise à la retraite. Les petits paysans, commerçants et artisans, dont les enfants étaient devenus salariés, terminaient misérablement leur vie sur leur terre ou dans leur boutique. Tous étaient plus ou moins à la charge de leurs enfants comme l'avait prévu le Code civil*, ou de la charité publique. Que vieux soit synonyme de misère, de solitude et de dépendance a été vrai pour cette génération mais ne l'était pas au même degré pour les précédentes et ne l'est plus aujourd'hui. Dans les années 50 et 60 il a été possible d'élever une génération très nombreuse d'enfants, de prolonger considérablement leur scolarité et de retarder ainsi leur entrée dans la vie active, parce que les gens âgés étaient peu nombreux et qu'ils avaient de très faibles revenus. Les jeunes coûtaient beaucoup à la collectivité et les vieux coûtaient peu. Présentement la situation s'est inversée, le poids des jeunes s'allège et se trouve compensé par celui des vieux.

Les retraités sont dorénavant* assurés de leurs revenus puisque leur retraite est assurée, au moins jusqu'en 2005, s'il n'y a pas de crise économique majeure. Si la pyramide des âges ne se rééquilibre pas entre-temps, le financement du système actuel par répartition* sera remis en question. Ce système a été conçu à une époque de croissance économique et démographique rapide et d'inflation permanente. Il correspond à un profil de carrière de plein emploi, où la rémunération du salarié augmente à mesure qu'il vieillit, sans doute pour répondre au besoin de main-d'oeuvre stable des entreprises à l'époque, et par imitation de la fonction publique. Ainsi, le montant des retraites est sans doute trop élevé par comparaison avec les salaires de début de carrière. Ce qui explique que les revenus par tête des ménages de retraités soient du même montant moyen que celui des actifs. En 1982 les personnes âgées de plus de soixante ans constituaient environ 19% de la population totale et bénéficiaient de 22% du revenu national. Comparés à l'ensemble des ménages (indice 100*), les ménages âgés ont un revenu inférieur (indice 87 de soixante et un à soixante-cinq ans, 74 de soixante-six à soixante-dix ans et 58 plus de soixante-dix ans). Toutefois comme les ménages âgés comptent moins de membres (1,80 contre 2,98), le revenu moyen par personne de plus de soixante ans est en fait supérieur au revenu moyen de l'ensemble de la population. Et cet écart s'est accru depuis. En outre, l'augmentation continue depuis quinze ans du nombre des femmes qui ont un emploi amènera des ménages de plus en plus nombreux à bénéficier de deux retraites.

On voit que, en moyenne, le revenu des gens âgés n'est pas sensiblement différent de celui des autres et même légèrement supérieur. Mais la moyenne est trompeuse: parmi les gens âgés on trouve des écarts extrêmes. Plus l'âge croît, plus on rencontre des revenus minimes, des conditions misérables et une solitude dramatique, parce que la génération de plus de soixante-dix ans n'a pas bénéficié pleinement de toutes les améliorations récentes des régimes de retraite.

Le patrimoine croît avec l'âge, sauf le patrimoine à usage professionnel*, et la part des revenus venant du patrimoine augmente en même temps. Le patrimoine urbain de rapport* et les obligations* sont presque deux fois plus importants chez les inactifs (125 000 contre 81 000 francs pour le patrimoine urbain de rapport et 41 000 contre 20 000 francs pour les obligations). De plus les ménages âgés sont moins endettés que les autres (9 000 francs en moyenne contre 54 000 francs pour l'ensemble des ménages). Autre manière d'approcher la réalité, les inactifs se situent, sur l'échelle des patrimoines bruts moyens par ménage, après les travailleurs indépendants et les chefs d'entreprise (agriculteurs, industriels, artisans, commerçants et professions libérales), entre les cadres supérieurs et moyens*. Bien qu'ils ne détiennent pas de capital professionnel et que beaucoup ne possèdent aucun patrimoine, les inactifs possèdent un tiers du patrimoine total des ménages. D'après les données réunies par la Banque de France, sur les deux millions de détenteurs de portefeuille d'actions et d'obligations*, ceux de plus de cinquante-cinq ans représentent 57% de l'ensemble et possèdent 75,5% du montant global. Le portefeuille moyen d'une personne de plus de soixante-cinq ans est plus du double de celui des personnes moins âgées: 163 000 francs contre 76 000 francs. En outre, il faudrait pouvoir évaluer les éléments du patrimoine, qui ne sont pas (ou mal) comptabilisés tels que l'or, l'épargne liquide, les objets mobiliers, l'équipement ménager et aussi les revenus non monétaires.

Une classe de loisirs?

Bénéficiant d'un revenu assuré et comparable à celui des gens de leur catégorie sociale, les retraités sont plus riches parce qu'ils n'ont plus de prêts à rembourser, qu'ils sont équipés et qu'ils détiennent un patrimoine pour l'essentiel accumulé au cours de leur vie, mais aussi en partie hérité s'ils sont fils d'agriculteurs ou de bourgeois. En particulier ils sont plus fréquemment propriétaires de leur logement (70 au lieu de 55%) et ils disposent en plus de revenus de capitaux mobiliers* ou immobiliers*. Autrement dit, la partie de leurs revenus qui n'est pas affectée à des dépenses obligatoires et dont ils ont la libre disposition est nettement plus importante que pour les ménages d'actifs.

Au sens propre, on peut dire que les retraités ne savent que faire de leur argent, tout au moins pour ceux qui ont un revenu supérieur à la moyenne. Ils représentent donc une clientèle très active sur certains marchés notamment l'immobilier, le tourisme et les consommations alimentaires. L'évolution à venir de la consommation des gens âgés est difficile à prévoir. Toutefois, on peut attendre des transformations résultant d'un effet de génération. Les septua-génaires* d'aujourd'hui ont pris leurs habitudes de consommation avant la grande expansion des années 50 et le profond bouleversement des modes de vie des années 60. Les sexagénaires de demain n'auront connu que des con-ditions de vie 'modernes'; ils auront, en outre, un niveau d'instruction nettement supérieur. Les 'vieux' de l'an 2000 seront très différents de ceux d'aujourd'hui.

Libre de son temps, le troisième âge devrait l'occuper à tout ce que notre société appelle 'loisir'. Or, d'après les statistiques disponibles, ce n'est pas encore vraiment le cas. Sur presque tous les indicateurs de pratiques culturelles (lecture de livres, pratique des sports et des activités para-sportives, fréquentation des matches, des salles de cinéma, des théâtres et des concerts) les gens de plus de soixante ans sont en dessous de la moyenne. Les seules exceptions sont la télévision, la lecture d'un quotidien, d'un magazine (féminin ou familial) ou de revues d'actualité. [. . .]

Ici encore il est difficile d'évaluer ce qui est effet d'âge et effet de génération. Par exemple, la pratique d'un instrument de musique baisse régulièrement avec l'âge, de 33% (quinze à dix-neuf ans) à 2% (plus de soixante ans). La musique s'étant fortement diffusée récemment parmi les jeunes, ils continueront à jouer de leur instrument pendant leur vie adulte et y consacreront beaucoup de temps quand ils disposeront des loisirs de la retraite. Sans doute en sera-t-il de même pour l'utilisation de l'électronique et de la hi-fi, qui suit la même évolution, de 87% à 19% et à un moindre degré de la lecture d'un livre, de la visite d'un musée ou d'un monument historique.

Dans tous ces domaines, les moeurs des gens de plus de soixante ans vont se modifier progressivement dans les prochaines années. Un marché potentiel s'ouvre à tous les fournisseurs de biens et de services nécessaires à ces différentes activités. Une preuve en est l'extraordinaire développement des clubs du troisième âge à la campagne qui, depuis dix ans, offrent toutes sortes de distractions à des campagnards n'en ayant eu aucune tout au long de leur vie. Des gens qui n'ont jamais franchi les frontières de leur petit pays prennent aujourd'hui l'avion pour aller découvrir les Baléares ou Ceylan. Les clubs du troisième âge sont d'importants organisateurs de voyages collectifs et pour les agences de voyages, le troisième âge est un excellent client: 37% des voyages de loisir en avion.

L'image des vieux de villages méditerranéens, assis sur leur chaise près de leur porte et devisant*, suggère que la sociabilité est l'activité principale des gens âgés. Malheureusement, dans ce domaine, les données sont très insuffisantes. Les études d'emploi du temps quotidien montrent les différences majeures entre actifs et inactifs de plus de cinquante-cinq ans. L'augmentation du temps de sommeil (y compris la sieste) et de loisirs (y compris la télévision) est très marquée, ainsi que du temps passé à la toilette. Le contraste le plus fort est l'apparition chez les hommes du travail ménager, presque absent chez les hommes actifs et son augmentation chez les femmes.

Le bricolage* et le jardinage deviennent une activité très importante chez les hommes et particulièrement chez les jeunes retraités de cinquante-cinq à soixante-quatre ans: plus de deux heures par jour. Le temps passé à jardiner diminue à partir de soixante-cinq ans (une heure et demie) puis de soixante-quinze ans (une heure). Effet d'âge ou effet de génération? Le temps passé aux relations sociales est à peu près le même pour les hommes et pour les femmes (une heure et demie). La promenade est une activité masculine: trois quarts d'heure pour les hommes et un quart d'heure pour les femmes.

La position et les fonctions des jeunes retraités sont en train de s'esquisser* et participent au mouvement de redécouverte de la vie locale. En effet, à divers indices, on voit que les gens âgés ont tendance à limiter leur aire de relations sociales à leur parentèle*, leur voisinage immédit et à leur localité. Ils sont donc prédisposés à se charger de responsabilités et d'activités dans ce cadre, puisqu'ils disposent de temps et de compétences acquises au cours de leur vie professionnelle. Ayant leurs ressources assurées, ils vont se charger de tâches bénévoles* de tous ordres et contribuer ainsi à développer des activités diverses au sein des associations et des institutions les plus variées. Les jeunes retraités actifs dans tous les domaines de la vie civique* et culturelle seront au centre de toute une trame* de liens, de rapports et activités peu organisés, parfois de courte durée, mais sans cesse renaissants, qu'on voit se développer en marge des grandes institutions. Ils contribueront par là à une certaine 'désinstitutionnalisation' de la société.

Des grands-parents actifs sont sans cesse sur la brèche*, au service de leur famille. Ils 'recherchent' l'affection de leurs descendants qu'ils comblent* de cadeaux et de services. Le rôle des grands-pères et des grands-mères est en train d'être réinventé par la nouvelle génération des grands-parents.

L'influence du troisième âge va jouer, selon toute vraisemblance, dans le sens d'une diversification neuve des systèmes de valeurs et des modes de vie, dont on voit déjà des indices. En effet, ce sont les valeurs et les coutumes de leur région et de leur catégorie sociale que les grands-parents incarnent auprès des jeunes, qui veulent retrouver leurs racines et vont les chercher à travers leurs aïeux* dans leur région d'origine, s'ils sont nés de parents déjà urbanisés. Le jeune grand-père et la jeune grand-mère transmettent les valeurs et les règles, mais n'incarnent plus l'autorité. Plus personne ne dépendant directement d'eux, ils doivent sans cesse conquérir la participation des plus jeunes dans des réseaux et des situations fondés sur l'animation, la festivité, et non la hiérarchie et la subordination. Le patriarche qui fait peur a disparu; seule la 'mémé gâteau'* demeure. Ils doivent donc être tolérants à l'égard des idées et des moeurs des autres, notamment des jeunes. Les enquêtes montrent que la politique, la religion et la morale sont souvent des sujets tabous dans les discussions en famille pour que la bonne entente entre générations soit préservée; chacun y prend grand soin.

*

Les gens âgés vont donc créer un mode de vie nouveau de loisirs très occupés qui va sans nul doute avoir une influence sur les modes de vie des autres catégories d'âges. Ce mode de vie évoque inévitablement la bourgeoisie rentière du siècle dernier, avec cette différence majeure qu'il ne s'agit pas d'une classe qui se différencie des autres par sa pratique des activités de loisirs mais d'une catégorie d'âge au sein de laquelle les activités de loisirs créeront des différences d'un genre nouveau. Chacun vivra à sa manière ses loisirs. Déjà des enquêtes font ressortir un très fort contraste entre ceux qui ont les moyens de jouir de leur retraite et ceux qui l'abordent désarmés*. Aujourd'hui s'inventent sous nos yeux une multitude de variantes de ce mode de vie: chacun en fonction de ses ressources financières et culturelles, de son voisinage et de ses liens de parenté organise sa retraite à sa guise puisque les modèles n'existent pas. En fait, les modèles sont en train d'être forgés par ces premières générations de retraités, et ils vont évoluer à mesure que les générations arrivant à la retraite auront vécu dans l'univers culturel nouveau qui s'est développé dans les années 60. Le retraité de 1988 est né en 1928 et a donc vécu son adolescence dans la France sclérosée* des années 30, sa jeunesse a été marquée par la guerre et les années sévères qui ont suivi. Le retraité de 2010, né en 1950, n'aura jamais connu qu'une société enrichie, assouplie, et aura fait l'apprentissage d'une vie sociale et culturelle qui l'aura sans doute mieux préparé à jouir des loisirs de la retraite. De plus, l'expérience de ses parents, les retraités d'aujourd'hui, lui servira de modèle, à perfectionner ou à rejeter.

La sagesse antique donnait à l'oisiveté* un sens noble qu'elle va retrouver. L'*otium* était le privilège de l'homme libre qui lui permettait de s'occuper des choses de la cité. Au siècle dernier, une partie de la bourgeoisie était oisive, parce que possédante, rentière, et respectée pour cela. Aujourd'hui, le troisième âge est dévalorisé parce que rentier et oisif. Le 'travail' et la 'production' sont en effet devenus, depuis un siècle, les valeurs suprêmes de notre société industrielle, qu'elle soit capitaliste ou socialiste. Qu'être 'improductif' soit considéré comme une déchéance n'est plus justifiable dans une société où produire des objets n'est plus primordial et où l'économie est 'tirée' par la consommation et les services. La façon de vivre du troisième âge va devenir de plus en plus enviable et par conséquent les gens âgés vont retrouver la position valorisée qui était la leur. Ils seront à nouveau un modèle, notamment pour leurs petits enfants qu'ils auront en partie élevés. Ils seront respectés pour ce qu'ils apporteront à la société tout entière. Une meilleure échelle de valeurs se diffusera. La jeunesse aujourd'hui portée à remettre en honneur les valeurs de la vie quotidienne et de l'esthétique, se rapproche ainsi du troisième âge (© *Éditions GALLIMARD*).

Lexique

seuil: *(m)* entrée, début (au sens propre: le pas de la porte)

réorienter: changer de direction (ici) de profession

aléatoire: lié au hasard, à l'incertitude

pernicieuses: mauvaises, nuisibles, qui causent du mal

intercensitaire: entre deux recensements

néfaste: mauvais, nuisible

atout: *(m)* avantage

Creuse: *(f)* département du centre de la France, dans la région du Limousin C'est un des départements les moins peuplés et les plus 'vieux' de France

patrimoine: *(m)* ensemble de ce que l'on possède et que l'on peut transmettre par héritage (opposé à revenu = ce que l'on gagne)

échoppe: *(f)* petite boutique

rentière: *(f; -ier, m)* qui vit du revenu de ses biens (loyers, intérêts, dividendes, rentes, etc.) sans travailler

professions libérales: *(f)* médecins, avocats, architectes sont membres des professions libérales ou indépendantes *(voir 3.1)*

Code civil: *(m)* ensemble des lois et dispositions légales concernant le domaine privé

dorénavant: à partir de maintenant

la répartition: *voir lexique du texte 1.3.1*

indice 100: cela représente le revenu moyen pour l'ensemble de la population. L'indice 87 pour les ménages de 61 à 65 ans signifie qu'ils ont un revenu moyen égal à 87% du revenu moyen de l'ensemble de la population.

patrimoine à usage professionnel: *(m)* l'ensemble des biens utilisés pour l'exercice du métier, par exemple le magasin d'un commerçant, le cabinet du médecin ou de l'avocat, etc.

patrimoine urbain de rapport: *(m)* immeubles et bâtiments loués pour gagner de l'argent

obligation: *(f)* titre négociable (à la Bourse par exemple) remis par une entreprise à quelqu'un qui lui a prêté du capital. C'est en fait une reconnaissance de dettes.

cadres supérieurs et moyens: *(m)* personnes salariées appartenant aux échelons supérieurs et moyens de la hiérarchie sociale. Pour plus de détails, voir p. 80 et suivantes.

action: *(f)* titre négociable remis par une entreprise aux personnes qui détiennent une partie de son capital. C'est en fait un titre de propriété.

portefeuille d'actions et d'obligations: *(m)* l'ensemble des titres (actions et obligations) détenus par quelqu'un

capital mobilier: *(m)* capital qui peut se 'déplacer': actions, obligations, valeurs, etc.

capital immobilier: *(m)* capital 'immobile', qui ne peut se déplacer: immeubles, terrains, etc.

septuagénaire: *(m/f)* une personne qui a entre 70 et 79 ans. Le sexagénaire a entre 60 et 69 ans

devisant: parlant avec quelqu'un

bricolage: *(m)* le fait de faire des petits travaux en tous genres (menuiserie, peinture, plomberie, etc.) souvent pour améliorer son logement

s'esquisser: se dessiner à grands traits. Si quelque chose s'esquisse, on peut en voir les principales caractéristiques.

parentèle: *(f)* l'ensemble des parents, des membres de la famille au sens large (grands-parents, oncles et tantes, cousins . . .)

bénévoles: non rémunérés, volontaires

civique: qui concerne le citoyen

trame: *(f)* réseau

sont sur la brèche: sont toujours prêts à travailler, à être actifs

comblent: (combler) remplissent

les aïeux: *(m)* les grands-parents, les ancêtres

'mémé gâteau': *(fam.)* grand-mère chérie

désarmés: sans être préparés ni sur le plan financier, ni sur le plan social

sclérosé: qui ne sait plus s'adapter, changer

oisiveté: *(f)* le fait de ne rien faire, de ne pas travailler (avec en général une nuance péjorative)

Compréhension

1. Pourquoi est-il apparu nécessaire de créer une nouvelle catégorie et de diviser les personnes âgées en 2 groupes, 3ème et 4ème âges?
2. Vieillesse et pauvreté: quels liens existent entre ces deux termes en France?
3. Retracez l'évolution probable de la place des loisirs dans la vie des personnes âgées jusqu'en 2020. Quelles seront les conséquences économiques et sociales de cette évolution?
4. La place des personnes âgées dans la famille se réduit-elle? Pourquoi?
5. Faut-il préparer sa retraite?

1.4 Classes d'âges: les jeunes

Les moins de 20 ans représentaient près de 30% de la population française en 1946 et un peu plus de 33% en 1970. En 1992, cette proportion est tombée à 27%. Il y a de moins en moins de jeunes en France. Et nous avons vu que cette évolution va se poursuivre au moins jusqu'en 2020. Au plan européen, la situation de la France reste assez favorable. Seuls le Portugal et l'Irlande ont proportionnellement plus de jeunes que la France. L'Espagne et la Grèce en ont à peu près autant et les autres pays moins.

Au premier abord, définir la jeunesse paraît simple: c'est la période que connaissent tous les individus entre l'enfance et l'âge adulte. Mais toutes les sociétés ne reconnaissent pas cette période distincte. Par exemple, dans les sociétés primitives, on passe très rapidement, souvent par un rite d'initiation, de l'enfance à l'âge adulte. En Amérique latine, des enfants de 10–11 ans, souvent même plus jeunes, doivent subvenir à leurs besoins. Au contraire, en Occident, certains jeunes de 25 ans vivent chez leurs parents et dépendent d'eux financièrement. Il est donc de plus en plus clair que dans nos sociétés de la fin du XXe siècle, définir la jeunesse comme la période comprise entre 15 et 25 ans ne correspond pas à une réalité universelle. En 1981, l'UNESCO a tenté de définir la jeunesse comme l'ensemble des

> individus qui ne peuvent assumer pleinement les responsabilités et les droits attachés au statut de travailleur ou de salarié. Dans de nombreuses sociétés, tant dans les pays industrialisés que dans les pays en développement, il est impossible de se marier et de fonder une famille avant d'avoir trouvé un emploi stable. Et pour être considéré comme un adulte à part entière dans ces sociétés, il faut avoir fondé sa propre famille.

Mais, comme le montre le texte que nous vous proposons sur le thème des jeunes, même ces critères posent des problèmes, dans la mesure où le statut de travailleur et la notion de famille ne peuvent plus être définis de manière uniforme et recouvrent des réalités différentes. Et pourtant les chercheurs parviennent à identifier des valeurs spécifiquement juvéniles.

Texte 1.4.1

Galland, Olivier, 'Un nouvel âge de la vie', Cahier supplémentaire 'La cause des jeunes', *Le Monde de l'éducation*, mars 1993, pp. 30–2

Qu'est-ce que la jeunesse? Sur le plan sociologique, la définition des âges de la vie est particulièrement épineuse*. On ne peut s'en tenir à celles de l'administration ou des catégories statistiques habituelles: ces limites sont arbitraires et rien ne nous assure qu'elles découpent des catégories recouvrant un ensemble homogène d'opinions, de goûts et de pratiques.

Il faudrait faire une étude systématique de la variation de ces pratiques et opinions en fonction de l'âge, année par année, pour conclure à la validité de tel ou tel regroupement. Mais ce travail n'a, jusqu'à présent, pas été fait. Nous devons donc nous en tenir à des indicateurs plus grossiers* ou de nature plus analytique.

Comment se pose le problème en ce qui concerne l'adolescence et la jeunesse? Comment définir ces âges de la vie? Qu'est-ce qui les différencie de l'âge adulte?

Sur bien des points, l'adolescence paraît proche de l'enfance: elle reste sous le contrôle des deux grandes instances de socialisation* que sont la famille et l'école; elle n'a pas acquis une pleine indépendance économique, ni même, bien souvent, sociale et civique. Si l'adolescence se différencie de l'enfance, c'est moins par sa place dans la société, que par un ensemble de goûts et de pratiques, liées surtout à la sociabilité du groupe des pairs.

Mais l'adolescence est-elle différente de la jeunesse? J'avance l'hypothèse que la jeunesse est en passe de se différencier radicalement de l'adolescence, alors que, dans la première moitié de ce siècle, les deux catégories étaient presque totalement confondues: lorsqu'on parlait des jeunes, on parlait en fait des adolescents.

Pour comprendre pourquoi la jeunesse se distingue aujourd'hui de l'adolescence, il faut raisonner en termes de cycle de vie et voir comment s'ordonnent les étapes qui mènent de l'enfance à l'âge adulte. Sur ce plan, les transitions s'effectuent sur deux axes:
- un axe scolaire–professionnel, scandé par deux seuils* principaux: la fin de la scolarité et le début de la vie professionnelle;
- un axe familial–matrimonial, scandé par deux seuils principaux: le départ du domicile parental et la formation d'un couple stable.

Dans le modèle traditionnel d'entrée dans la vie adulte, ces seuils se correspondent chronologiquement d'assez près: la fin de la scolarité est suivie, à brève échéance*, de l'entrée dans la vie professionnelle, qui déclenche* rapidement le départ de chez les parents et le mariage. Il y a donc une relative homogénéité des définitions d'âge selon ces critères qui découpent des catégories d'âge assez clairement identifiables. Dans ce schéma, rien ne sépare véritablement l'enfance de l'adolescence, et la jeunesse en tant que telle ne se distingue pas véritablement de cette dernière.

Ce modèle traditionnel est remis en cause de plusieurs points de vue.

Sur le plan scolaire, on enregistre une première 'explosion scolaire' dans les vingt ans qui vont de 1950 à 1970: les effectifs* du second degré ont multiplié par trois et croissent trois à quatre fois plus vite que les effectifs de la classe d'âge correspondante. Une deuxième accélération se situe dans la décennie 80–90: d'un tiers, la proportion d'une classe d'âge accédant au niveau du baccalauréat* passe à nettement plus de la moitié. L'entrée dans la vie active se fait donc de plus en plus tard: de 81% en 1954, la proportion de garçons actifs à dix-huit ans est tombée à 27% en 1987.

Les seuils de la décohabitation* familiale et du mariage sont eux aussi reportés: l'INSEE évaluait récemment à trois ans le recul de l'âge moyen au premier mariage depuis 1972; le recul de l'âge de départ de chez les parents date du début des années 80.

Mais, sur le plan sociologique, il est plus important de constater l'apparition d'un phénomène de double déconnexion* des seuils de passage:
- déconnexion entre les seuils scolaires–professionnels et les seuils familiaux–matrimoniaux. Par exemple, chez les garçons, plus de quatre ans séparent aujourd'hui l'âge médian* de fin des études de l'âge médian de

départ de chez les parents; quatre ans séparent l'âge médian d'accès à l'emploi de l'âge médian de formation d'un couple. Ainsi, les âges d'accès au statut adulte sur le plan professionnel ne correspondent plus aux âges d'accès au statut adulte sur le plan familial;
- déconnexion entre les seuils de sortie de l'adolescence et les seuils d'entrée dans la vie adulte. Ces seuils qui, sur le plan familial comme sur le plan professionnel, étaient quasi-simultanés auparavant, sont aujourd'hui séparés par un intervalle de plusieurs années: chez les garçons, presque quatre ans séparent l'âge médian de fin d'études de l'âge médian d'accès à un emploi stable; et sur le plan familial, deux ans et demi séparent l'âge médian de départ de chez les parents de l'âge médian de formation d'un couple. Il est donc clair qu'apparaît une phase de la vie intermédiaire entre, d'une part, la vie scolaire et la vie chez les parents qui définissaient l'adolescence et, d'autre part, la vie professionnelle et la vie en couple qui définissent le statut adulte.

En fait, plusieurs phases de la jeunesse peuvent être distinguées *(tableau 8)*. Dans ce schéma, deux types de prolongation se différencient nettement:
- une prolongation de type familial (type 3), plutôt ouvrière et rurale: tandis que ne sont pas réunies les conditions de la stabilité économique, on prolonge la vie commune avec les parents. Il s'agit au fond d'une adaptation du modèle ouvrier traditionnel d'entrée dans la vie adulte aux nouvelles conditions d'insertion professionnelle;
- une prolongation, plutôt typique des classes moyennes et supérieures, qui prend le sens d'un report de la formation d'un couple (type 4): bien que soient réunies toutes les conditions nécessaires à la formation d'un couple (décohabitation familiale, emploi stable), ce moment est repoussé pendant plusieurs années.

Ce deuxième type de prolongation est plus complexe à interpréter. Il est aussi le plus symptomatique de la redéfinition actuelle de la jeunesse. Il s'actualise essentiellement sous la forme de l'adoption d'un mode de vie

Tableau 8: Le modèle de la prolongation

Prolongation scolaire	Fin des études Phase de précarité	Travail		
▶▶▶▶▶▶▶▶▶▶▶▶▶▶▶▶				
Prolongation de la cohabitation familiale	Décohabitation familiale	Vie solitaire	Vie en couple	
▶▶▶▶▶▶▶▶▶▶▶▶▶▶▶▶▶▶▶▶▶▶▶▶▶▶▶▶▶▶				
1 adolescence lycéenne	2 jeunesse étudiante	3 jeunes précaires chez les parents	4 jeunes actifs vivant seuls	5 jeunes actifs en couple

solitaire (ponctué éventuellement de phases plus ou moins éphémères de vie en couple). Le mode de résidence solitaire progresse en France (le nombre de personnes vivant seules est passé de trois à six millions d'individus de 1968 à 1990, et les jeunes de vingt à trente-cinq ans sont les principaux responsables de cet accroissement). L'adoption de ce mode de vie n'est pas une conséquence directe des difficultés d'insertion professionnelle: les statistiques montrent que les jeunes qui choisissent de vivre seuls ont plutôt de meilleurs emplois que les autres (plus stables, mieux payés).

Chez beaucoup de jeunes, la carrière professionnelle doit précéder et contribue à différer la carrière familiale. C'est en particulier le cas des filles qui ont été les principales bénéficiaires de la prolongation scolaire. Elles ont aujourd'hui à inventer et à imposer un nouveau rôle social, qui, le plus souvent, n'a pas de modèle dans les générations féminines antérieures.

Plus largement, plusieurs travaux ont montré la complexité croissante du processus de socialisation professionnelle: celui-ci concerne potentiellement, aujourd'hui, l'ensemble du cycle de vie, la mobilité professionnelle devenant constitutive de l'identité sociale des individus.

L'ensemble de ces transformations est significatif du passage d'un **modèle de l'identification** à un **modèle de l'expérimentation**.

Le premier est caractéristique de la société du dix-neuvième siècle et il n'a pas encore disparu. Il est fondé sur des mécanismes de transmission du statut et de l'identité d'une génération à l'autre, où la figure paternelle est centrale. C'était vrai dans la société paysanne où l'univers domestique et l'univers économique coïncident; en milieu ouvrier, où le père était l'agent introducteur à l'univers du travail, aux valeurs et aux secrets du métier; et tout autant en milieu bourgeois où des mécanismes de transmission du patrimoine et des rôles qui y étaient attachés assuraient la permanence et la reproduction des valeurs et des statuts.

Ce modèle s'épuise* sous la pression de la prolongation scolaire, mais entendue cette fois dans ses conséquences proprement sociologiques; croissance des aspirations à la mobilité sociale, déconnexion grandissante entre le milieu dont on vient et le milieu auquel on aspire à appartenir, qui rend en partie caducs* les mécanismes de socialisation par transmission et identification familiales.

Ce modèle laisse progressivement la place à un modèle de l'expérimentation où la définition de soi, comme le statut auquel cette définition doit correspondre, se construisent au gré de* diverses expériences sociales, tout au long d'un processus itératif*, fait d'essais et d'erreurs, jusqu'à parvenir à une définition de soi qui soit à la fois satisfaisante sur le plan de la 'self-esteem' et crédible aux yeux des acteurs institutionnels. C'est ce travail de construction de soi qui définit aujourd'hui la jeunesse et explique l'apparition de cette phase moratoire*.

Un deuxième élément d'interprétation vient relativiser l'aspect un peu contraint du premier: c'est le renversement de la norme d'âge concernant l'entrée dans la vie adulte. Nous sommes passés d'une norme de précocité qui dominait dans les années 60 (il fallait devenir adulte et endosser* les rôles correspondants sitôt qu'on le pouvait, et cela correspondait au désir des adolescents eux-mêmes: quitter ses parents était synonyme d'indépendance et de liberté) à une norme qui peut s'exprimer ainsi: rester jeune le plus longtemps qu'on le peut. Ceci a été rendu possible par l'extraordinaire rapprochement entre les valeurs des différentes générations, qui autorise une cohabitation prolongée et qui permet de prolonger les plaisirs de la jeunesse. Ces plaisirs sont essentiellement ceux de la sociabilité amicale, qui définit le mieux cette période nouvelle de la vie: passage d'une sociabilité juvénile plutôt collective et toujours sous le contrôle direct ou discret des parents et des éducateurs, à une sociabilité élective de petits groupes où le choix des amis est primordial et détermine le choix d'activités qui ne sont que le prétexte à se retrouver.

La jeunesse a perdu deux des caractéristiques qu'on attribuait à l'adolescence:
– elle n'est plus une période de crise, marquée par des troubles et des carences* qui appelaient de la part des adultes un comportement tutélaire et protecteur;
– elle n'est plus la préparation douloureuse à l'âge adulte, seul âge de l'accomplissement.

Elle échappe à ces deux caractéristiques, puisqu'elle n'est pas immédiatement orientée vers son terme, ni vers un déséquilibre. Cette redéfinition de la jeunesse implique bien une redéfinition des politiques sociales.

Lexique

épineuse: difficile, qui pose de nombreux problèmes
grossiers: moins précis, qui ne donnent que les grandes caractéristiques
socialisation: *(f)* processus par lequel l'enfant absorbe les normes de la société
seuils: *(m)* (ici) entrées, débuts
à brève échéance: peu de temps après
déclenche: (déclencher) met en mouvement
effectif: *(m)* (d'un groupe) nombre de personnes dans le groupe
baccalauréat: *(m)* examen de fin d'études secondaires

décohabitation: *(f)* fait de ne plus habiter avec quelqu'un (ici, avec sa famille)

déconnexion: *(f)* fait de ne plus être lié, connecté

médian: (statistiques) qui sépare le groupe étudié en deux parties égales. Si, par exemple, l'âge médian de fin des études est de 20 ans, cela signifie qu'à 20 ans, la moitié des jeunes ont terminé leurs études et l'autre moitié les continuent.

s'épuise: (s'épuiser) s'affaiblit, devient moins prononcé

caducs: démodés, qui n'ont plus cours

au gré de: selon le rythme de, selon la volonté de

itératif: répété

moratoire: (ici) en suspension, provisoire

endosser: assumer

carences: *(f)* insuffisances

Compréhension

1. Comment peut-on expliquer l'émergence de la jeunesse en tant que classe d'âge spécifique?
2. Adolescence, jeunesse: ces classes d'âge sont-elles différentes? En quoi?
3. Identifiez les seuils qui traditionnellement marquent le passage de l'adolescence à la jeunesse. Quels phénomènes les ont modifiés dans les années récentes?
4. Le diplôme marque-t-il toujours l'entrée dans la vie adulte?
5. Qu'est-ce qui sépare jeunes ouvriers et jeunes des classes moyennes? Qu'est-ce qui les unit?

Thèmes de réflexion: l'évolution de la population

1. La situation économique d'un pays a-t-elle des répercussions sur la démographie? Illustrez votre réponse à l'aide d'exemples français.
2. Identifiez les liens entre progrès médical et évolution démographique.
3. Pourquoi certains parlent-ils d'une phase de transition démographique à propos de la période 2005–30?
4. La notion de classe d'âge est-elle utile pour mieux comprendre les conséquences de l'évolution démographique?
5. Pourquoi les mariages deviennent-ils plus tardifs en France? Comment ce phénomène affecte-t-il la démographie?

Chapitre 2

La famille aujourd'hui

2.1 Évolution de la famille

La famille est une expérience fondamentale de la vie privée de chacun. A une époque où l'institution subit des métamorphoses profondes, il est donc naturel que beaucoup de discours à son sujet soient marqués par la passion et la polémique plutôt que par l'analyse. Chacun a sa propre image, tirée de sa propre expérience, de ce qui constitue une famille, même s'il a l'impression confuse que cette image ne correspond plus toujours à la réalité qu'il perçoit autour de lui.

Il est donc nécessaire de commencer toute considération de l'état de la famille aujourd'hui par une définition non seulement objective, mais aussi suffisamment globale pour former un cadre dans lequel on peut analyser les tendances actuelles – tant il est vrai que ce qui marque le paysage social français depuis une vingtaine d'années, c'est la régression d'un modèle familial perçu autrefois comme unique au profit de la coexistence de plusieurs modèles différents.

Tout d'abord, il faut distinguer entre deux expressions facilement confondues: celle de **ménage** et celle de **famille**.

Pour l'INSEE, dont le travail de recensement repose essentiellement sur ce concept, un **ménage** est **l'ensemble des occupants d'un logement**, qu'ils aient ou non des liens de parentés. Au sens statistique donc, plusieurs étudiants qui partagent un logement sans aucun autre lien forment un ménage. Une personne vivant seule dans son logement constitue un ménage, comme à l'autre bout de l'échelle, une communauté religieuse ou une maison de retraite (dits 'ménages collectifs').

L'analyse de la composition des ménages, révélée par le recensement, est intéressante en soi. Elle révèle, par exemple, que, de 1968 à 1990, le nombre de ménages a augmenté de 37%, alors que le nombre d'individus n'a augmenté que de 14%. En d'autres termes, l'effectif moyen d'un ménage a diminué – de 3,06 à 2,57. Ce phénomène est intimement lié aux évolutions évoquées au premier chapitre.

D'une part, les retards progressifs qui marquent la jeunesse contemporaine – retard dans l'installation définitive dans la vie active, retard dans l'âge du mariage, et retard dans la naissance du premier enfant – multiplient les occasions de vivre seul, ou en couple sans enfant. D'autre part, l'amélioration de la santé des personnes âgées, elles-mêmes plus nombreuses, les encourage à conserver leur indépendance – plutôt que de chercher un hébergement soit avec leurs enfants, soit dans une institution – et multiplie donc le nombre de couples sans enfants, ou, suivant le décès de l'un des époux, de personnes seules.

Il en résulte que 27,1% des ménages en France en 1990 étaient composés d'une seule personne, et 29,6% de deux personnes, dont 85% (25,2% du total) formaient un couple sans enfant. Inversement, la diminution du nombre de naissances, donc d'enfants, et la régression de la cohabitation de plusieurs générations sous un même toit, font que seulement 3,3% des ménages comprennent 6 personnes ou plus.

Mais ce sont les phénomènes qui touchent à l'image de la 'famille' qui attirent le plus l'attention. Est **famille**, pour l'INSEE, **un groupe comprenant au moins deux personnes et constitué soit d'un couple et, le cas échéant, de ses enfants, soit d'une personne sans conjoint et de ses enfants**. Deux aspects de cette définition sont particulièrement à retenir.

Le premier, c'est que le couple qui, vivant ensemble, constitue pour l'INSEE une 'famille', peut être marié ou non. Et, depuis une vingtaine d'années, le mariage n'est plus à la mode. Trois phénomènes surtout témoignent d'une remarquable désaffection pour cette institution traditionnelle, à commencer par un déclin dans le nombre de mariages. Les statistiques, compliquées par le retard dans l'âge au mariage, sont difficiles à interpréter de façon précise, mais la situation globale reste très claire. Après 'l'âge d'or' des années 50 et 60, le nombre de mariages célébrés chaque année est aujourd'hui inférieur à celui de l'immédiat avant-guerre, malgré un nombre nettement plus élevé de jeunes.

Cette 'chute libre' dans la popularité du mariage est accompagnée de la diffusion de ce qu'on a qualifié de 'nouvelle forme de conjugalité', c'est-à-dire le phénomène du couple qui vit ensemble sans cérémonie civile ou religieuse. Appelé d'abord 'cohabitation juvénile' (puisqu'il s'agissait en apparence d'un comportement lié à une certaine classe d'âge) ou 'cohabitation prénuptiale' (puisqu'on supposait qu'il s'agissait d'un simple prélude au mariage) il est enfin baptisé **cohabitation** tout court, ou **union libre**.

Enfin, la désaffection pour le mariage se manifeste aussi par l'essor du divorce. La loi de 1975, permettant le divorce par consentement mutuel, n'a fait qu'accélérer une montée qui a porté le nombre de divorces de 30 200 en 1960 à 105 800 en 1990. Comme la chute du nombre de mariages, la montée de celui des divorces se stabilise – pour certains, une indication que les chiffres élevés des années 70 et 80 sont la conséquence, dix ou vingt ans plus tard, des mariages précoces des années 50 et 60.

Quoi qu'il en soit, la fragilité relative des nouvelles relations conjugales n'est pas sans effet sur l'image de la famille. Car le second aspect significatif de la définition INSEE de la famille est qu'elle inclut les situations où une personne vit seule avec son ou ses enfants, créant ce qu'on appelle depuis quelques années une **famille monoparentale**, phénomène auquel nous consacrons une section spéciale.

On peut toujours sans contradiction constater que la famille reste la cellule de base de la société: 82,7% des hommes et 78,6% des femmes vivent en famille, comme parent ou comme enfant. Mais cette constatation ne vaut que si elle est accompagnée d'une reconnaissance que cette famille n'est pas forcément celle d'hier, composée d'enfants soignés par leurs deux parents biologiques, dûment mariés devant M. le Maire. Et que cette image de la famille soit loin d'être une norme consacrée par toutes les classes sociales à travers les siècles nous a incité à donner la parole, pour approfondir ce résumé, à une sociologue et historienne, qui replace les évolutions de la famille dans le contexte d'une société elle-même en mutation rapide.

Texte 2.1.1
Segalen, Martine, 'Les métamorphoses de la famille', (extraits), *L'Histoire*, no 150, décembre 1991, pp. 38–47

Coup d'envoi du changement: 1946. La Libération bouleverse les comportements collectifs et individuels. La famille de l'immédiat après-guerre s'affiche triomphalement. Elle figure dans le préambule de la constitution de la 4e République (adoptée le 13 octobre 1946): 'La nation assure à la famille les conditions nécessaires à son développement.' Phénomène de 'rattrapage'* habituel au lendemain des guerres, le nombre de mariages augmente (on en célèbre 423 400 en 1947 contre moins de 300 000 à la veille du conflit). On observe également un retournement de tendance, par rapport à l'avant-guerre malthusien[1], dans la courbe des naissances. Le 'baby-

---

[1]L'économiste anglais Malthus (1766–1834) préconisait, pour éviter la surpopulation, la restriction volontaire des naissances.

boom' (accroissement inattendu des naissances), repérable* dès 1942, se confirme, avec un taux de fécondité de 2,5 enfants par femme en 1948. Par ailleurs, moins de 10% des mariages se terminent alors par un divorce. Ces nouveaux mariés convolent* de plus en plus jeunes et ne ressemblent pas tout à fait à leurs parents: ils se sont choisis par amour. C'est l'âge d'or de la famille nucléaire (limitée au couple et à ses enfants). Ce modèle, porteur d'un idéal de démocratie et de liberté, affirme le caractère unique de chaque individu. En retour, aucune déviance n'est admise et les naissances hors mariage, d'ailleurs peu nombreuses, signent l'exclusion de la famille. [. . .]

Le travail des femmes, une première étape

En dépit de la vigueur démographique des années 50, des hommes politiques et des sociologues français commencent à s'inquiéter. La politique familiale qui se met alors en place (voir 'Repères chronologiques' p. 55) ne risque-t-elle pas de priver la famille de sa fonction protectrice? On redoute également la remise en cause* de l'autorité des pères. Les adolescents ont, en effet, traversé une guerre qui a obligé nombre d'entre eux à s'engager et à se conduire en adultes, souvent contre leurs pères. Et la Libération, qui chante la liberté et l'amour, conforte* leur désir d'émancipation. L'institution familiale n'a pourtant pas changé en profondeur et Jean Stoetzel, le sociologue fondateur des enquêtes d'opinion en France, peut écrire en 1954 que 'la parenté reste bilatérale, l'organisation matrimoniale monogamique: le groupe familial est toujours composé du couple marié et de ses jeunes enfants'.[2]

Or ce n'est pas l'émancipation des adolescents qui provoquera des bouleversements dans la famille, mais celle des femmes, dans le contexte d'un développement économique sans précédent (1950–75). Les progrès alors réalisés en obstétrique, en puériculture* et en pédiatrie* effacent, à partir des années 60, la mort de l'enfant jeune de l'expérience des familles. Les couples sont-ils conscients du phénomène? C'est en tout cas à partir des années 1964–65 qu'on assiste à une cassure dans les courbes de la fécondité, soit avant la large diffusion des moyens contraceptifs modernes (stérilet et 'pilule'), qui date seulement des années 70 (voir 'Repères chronologiques'). Cette limitation des naissances, obtenue grâce aux vieilles techniques du coïtus interruptus et de l'avortement clandestin, est donc

[2]Jean Stoetzel, 'Les changements dans les fonctions familiales', dans Robert Prigent (s.d.), Renouveau des idées sur la famille, 'Travaux et Documents', no 18, INED, Paris, 1954, p. 343.

voulue par les couples, puis consolidée par l'adoption des moyens qui donneront à la femme la maîtrise de la reproduction. Sexualité et fécondité sont désormais distinctes. La contraception chimique (légalisée en décembre 1967 et complétée par la légalisation de l'interruption volontaire de grossesse en 1975) est aujourd'hui tellement entrée dans les moeurs qu'on a tendance à oublier que cet acquis ne date que d'hier.

Maîtresses de la reproduction, débarrassées des grossesses à répétition, les femmes ont alors pu se penser comme des individus à part égale, dans la famille et dans la société. En outre, la production en masse de biens bon marché condamne leur production domestique: il est désormais plus rentable* de s'habiller en prêt-à-porter que de coudre ses vêtements, d'acheter des confitures que de les faire. La femme équipe son foyer de machines, et si cette modernisation ne réduit guère le nombre d'heures consacrées aux tâches ménagères, elle contribue à les dévaloriser*.

Pourquoi donc rester à la maison? D'autant que le taux de scolarisation des femmes augmente: elles entrent à l'Université au moment même où le marché du travail, en pleine expansion grâce à la croissance économique, fait appel à elles. Aux yeux des féministes des années 70, la 'libération' de la femme passait par l'entrée dans la vie professionnelle. Elles saluaient celle-ci comme une innovation sociale, oubliant un peu vite que les jeunes filles et les mères avaient longtemps été présentes dans le processus productif, à la ferme ou à l'atelier. C'est seulement à partir des années 30 que les femmes qui accédaient aux classes moyennes cessèrent progressivement de travailler – dans les familles ouvrières, les voir quitter l'usine pour se consacrer aux soins du ménage apparaissaient alors comme une grande victoire sociale.

Mais dès le milieu des années 60, les femmes retournent sur le marché du travail, dans les nouveaux métiers du secteur tertiaire* qui s'ouvrent à elles: banque, assurances, loisirs, santé, assistanat social, etc. – et cette culture de l'employée de bureau n'est pas étrangère aux changements familiaux de l'époque. Elles constituent aujourd'hui près de la moitié de la population active (44%), contre un tiers seulement il y a trente ans. En outre, la naissance des enfants ne signe plus l'arrêt de leur vie professionnelle, bien que les démographes parlent de 'concurrence' entre la carrière des femmes et la naissance de leur troisième enfant. En conséquence, selon l'expression d'Henri Léridon, 'pour la famille, Mai 1968* a eu lieu trois ou quatre ans plus tôt. C'est en effet vers 1964–65 qu'on peut lire sur un grand nombre de courbes démographiques une inflexion décisive.'[3] Il s'agit d'abord de la chute de la fécondité

---

[3]Henri Léridon, 'Familles: les formes changent, le principe reste', *Sciences humaines* no 9, août–sept., 1991.

(de 2,9 enfants par femme en 1964 à 1,9 en 1975), puis de celle de la nuptialité – le nombre de mariages, qui avait atteint un maximum en 1972 avec 416 300 unions, ne cesse de diminuer (374 000 en 1976, 300 000 en 1983, 266 000 en 1986). L'âge moyen au mariage s'élève, en même temps que les divorces se multiplient: parmi les couples constitués dans les années 1975–80, un mariage sur six se termine par un divorce, un sur trois pour les couples unis dans les années 80. Ici encore, la loi de 1975 sur le divorce par consentement mutuel, comme celle de 1967 sur la contraception, entérine* l'évolution des moeurs, puis la consolide.

Le mariage, lieu unique de constitution de la famille, se voit donc contesté, d'autant plus que se développe ce que le démographe Louis Roussel a appelé la 'cohabitation juvénile'. Jusque dans les années 60, on parlait surtout de 'cohabitation' entre les parents et leurs enfants mariés, souvent contraints de partager le même domicile en raison de la crise du logement. A partir de 1970, le mot désigne la vie commune de deux jeunes gens, hors du cadre matrimonial: moment d'apprentissage de la vie en couple, période charnière* du passage de l'adolescence à l'âge adulte. Réservée d'abord aux jeunes, la cohabitation gagne ensuite les autres tranches d'âge.

Bien que les données statistiques soient imprécises, elles montrent une remarquable progression de cette pratique: 300 000 couples dans les années 60, 446 000 en 1975, 957 000 en 1985, 1 100 000 en 1989 et probablement plus encore en 1991. Ce qui est d'abord apparu comme une forme de mariage à l'essai précédant l'union légale s'est rapidement transformé en un état durable et fécond. Car les naissances hors mariage, dont le nombre était resté stable jusque vers 1965 (environ 6% du total des naissances) se multiplient (8,5% en 1975, 15% en 1983, 26% en 1988). L'ébranlement de la famille nucléaire a été accentué par l'idéologie 'soixante-huitarde'* et les mouvements féministes. Aux premières unions commencées hors mariage (en moyenne 20% des couples vivant en commun entre 1958 et 1970 et 50% en 1980) s'est ajoutée la cohabitation des couples de divorcés qui partagent le même domicile sans se remarier.

On aurait pu penser que le mariage commencé par la cohabitation présenterait une garantie de durée. Il n'en a rien été et le taux de divorce a continué de progresser, mais sur un rythme moins soutenu. La multiplication des familles dites 'monoparentales' témoigne également de la remise en cause du modèle familial des années 50 et 60. L'expression recouvre des situations diverses: s'il s'agit à 80% de femmes qui élèvent seules leur(s) enfant(s), cela peut résulter d'un choix (refus d'un conjoint) ou d'une contrainte (veuvage, divorce). Il y avait moins de 700 000 chefs de famille monoparentales en 1962, dont plus de 50% étaient des veuves ou des veufs.

Aujourd'hui plus de la moitié d'entre eux (1,2 million au total) sont divorcés ou séparés.

La nouveauté est qu'on accepte ces couples instables et fragiles au même titre que les couples plus classiques. Les promoteurs de ce nouveau modèle sont le plus souvent des femmes. Car c'est sur leurs épaules que le carcan* du mariage a toujours pesé. Dans le modèle 'bourgeois', la jeune fille n'avait pas de destinée sociale hors de l'institution matrimoniale. Dans la famille ouvrière ou paysanne, la seule façon d'accéder à l'autonomie, d'échapper à ses parents, c'était encore le mariage. Autonomie d'ailleurs toute relative, car limitée par le bon vouloir de l'époux. La cohabitation, elle, affiche le primat de la relation amoureuse, mais aussi l'autonomie de l'individu à laquelle le couple ne doit pas faire obstacle: 'Les jeunes femmes se sont emparées du concubinage* comme moyen de préserver leur position dans les rapports entre les sexes, en refusant ou repoussant le statut que leur assignerait dans ces rapports le mariage et la maternité.'[4]

La femme est-elle devenue l'égale de l'homme?

Les lois promulguées entre 1965 et 1975 visaient à faire de la femme l'égale de l'homme (voir 'Repères chronologiques'). Au sein du ménage, les rôles sont moins différenciés lorsque les deux époux travaillent. La femme continue pourtant d'assumer la plus grande part du travail domestique et des tâches liées à l'enfant. C'est à elle d'organiser la garde des enfants, notamment des plus jeunes, garde dont les structures sont notoirement insuffisantes en France.

Malgré ces déséquilibres, il est clair que, d'un modèle autoritaire, on est passé à un modèle beaucoup plus souple. Le sociologue Alain Girard notait déjà, en 1957, que 'tant au point de vue de la femme que des enfants, le groupe familial a évolué dans le monde contemporain vers une forme de société plus démocratique, au lieu d'être soumis plus étroitement à la puissance du mari ou du père'; en 1963, il écrit: 'La société . . . a évolué vers des formes de vie de plus en plus égalitaires ou démocratiques. Le respect dû à chaque personne, quels que soient son sexe ou son âge, a gagné de proche en proche.'[5] En 1970, le concept d''autorité parentale', partagée entre la mère et le père, est substitué à celui de 'puissance paternelle et maritale'.

[4]Françoise Battagliola, 'Cohabitation, mariage et rapports entre sexes', Dialogue, no 92, 1986, p. 70.
[5]Cité par Michel Fize, La Démocratie familiale, Paris, 1990.

La famille subit le contrecoup de la 'révolution jeune' et en accompagne le développement. Les musiques anglo-américaines, les vêtements, le sport et l'usage de la drogue définissent les contours ambigus d'une culture portée par la société de consommation et le show business. Les Beatles et les Rolling Stones annoncent Mai 1968, grande fête qui rejette à la fois les figures autoritaires de l'État et du père. Dès lors, les familles partent à la recherche de nouveaux modèles éducatifs, dans un contexte idéologique libéral. La 'démission des pères' devient un thème récurrent, symptôme de désarroi devant les conduites à tenir. Cependant, même instable, la famille demeure un lieu où les adolescents trouvent leur équilibre: ils attendent, sinon qu'elle leur impose un principe d'autorité, du moins qu'elle leur fournisse un certain nombre de repères. Elle reste à l'horizon de leurs désirs et constitue une valeur sûre dans un univers compétitif.

Les changements que nous avons évoqués n'entraînent donc pas de rejet de la vie familiale. La fécondité reste stable (au niveau atteint à la fin des années 70), notamment du fait de naissances plus tardives, inattendues des démographes. Par ailleurs, si la cohabitation inquiétait les parents, c'est qu'ils en redoutaient de désastreuses conséquences sociales. Leur fille n'allait-elle pas vivre en concubinage avec quelqu'un qui n'était pas de leur milieu? Mais ils ont rapidement constaté que ces unions fonctionnaient selon les principes décrits dans l'enquête d'Alain Girard portant sur des couples mariés entre 1914 et 1959. Intitulée *Le Choix du conjoint* et publiée en 1964, celle-ci marque les débuts de la sociologie de la famille en France. Elle fait l'effet d'une bombe, à une époque qui affirme la liberté des choix et consacre le mariage d'amour, en révélant la forte homogamie (mariage du même avec le même) des conjoints: ceux-ci vivaient la plupart du temps dans une grande proximité géographique, ils avaient un niveau d'éducation identique et étaient issus du même groupe social. Une enquête menée en 1984 par Michel Bozon et François Héran actualise* les données d'Alain Girard et montre, pour les couples formés entre 1960 et 1983, que si, globalement, l'endogamie (mariage à l'intérieur du groupe dont on est issu) géographique a diminué du fait de l'urbanisation, l'endogamie sociale des cohabitants n'est pas moins grande que celle des couples mariés. Cohabitation, mariage tardif et divorce révèlent seulement le caractère plus informel et plus contractuel des unions contemporaines.

Après ces années de rapide changement, les indices démographiques présentent une relative stabilité à la fin des années 80 (1,83 environ pour l'indice de fécondité et 110 000 divorces par an en moyenne); ils montrent même une faible reprise de la nuptialité, après le creux* atteint en 1986 avec 265 000 mariages *(voir figure 7, p. 54)*. Les sociologues de la famille peuvent enfin prendre quelque recul* et ne plus limiter leur étude de la famille à celle du couple. Car l'idéologie de la crise de la famille a été largement alimentée* par la publication régulière de chiffres sur les divorces, les séparations, la cohabitation et les naissances hors mariage, qui, en France, font toujours figure d'informations de portée nationale. Du coup, on en avait oublié que, comme le disait Jean Stoetzel, la famille est aussi une parenté.

Or celle-ci n'a pas cessé d'occuper une place essentielle. Une première enquête de Louis Roussel, publiée en 1979, montrait l'intensité des échanges qui continuaient d'exister entre les générations. Depuis, les études se sont multipliées sur ces liens affectifs* et matériels entre grands-parents, voire arrière-grands-parents, et enfants: elles prouvent le rôle fondamental joué par la famille (comprise cette fois au sens large) dans l'imaginaire des individus.

La famille française 'typique' de la fin du XXe siècle est donc constituée de plusieurs couples aux liens fragiles – ils passent souvent successivement par l'union libre, le mariage et le divorce – et par les enfants de ces couples, qui s'inscrivent* dans des réseaux de parenté dépassant l'horizon de leurs seuls père et mère. Le lien de filiation (grand-père ou grand-mère/père ou mère/fils ou fille) se renforce dès lors que celui de l'alliance (mari/femme) s'affaiblit – on rencontre d'ailleurs régulièrement ce schéma dans les sociétés étudiées par les ethnologues. Il a donc fallu que le paysage idéologique relatif à la famille et à la société se bouleverse pour que ces relations de parenté, qui n'avaient jamais cessé d'être, puissent littéralement être *vues*.

Les raisons de leur découverte sont complexes. Les progrès de la médecine ont sans doute joué là un rôle important, en améliorant la santé des personnes âgées dont la vie s'allonge. Trois générations, voire quatre, peuvent désormais vivre simultanément. Ce qu'on appelle le troisième âge, ce sont des bataillons de grands-parents en bonne santé, disposant d'une retraite confortable. Ils constituent une source d'échanges affectifs, matériels et symboliques avec les jeunes générations, en attendant que le flux des échanges se renverse. Les perspectives démographiques européennes à l'horizon 2020 et le recul de l'État-providence* (comment prendre soin de ces personnes du 'quatrième âge' dont la proportion ne va cesser de croître?) ne sont pas étrangers à cette nouvelle place accordée aux liens de parenté.

En outre, depuis que les féministes ont décloisonné* sociologie de la famille et du travail en montrant la continuité qui existe entre sphère domestique et sphère productive, on découvre le rôle joué par la famille dans d'autres champs sociaux: le choix de l'emploi et de la résidence, l'importance de la filiation* dans le domaine de la politique locale. Autrefois, admettre ce poids de la parenté, au demeurant difficile à quantifier, c'était proclamer l'archaïsme de la société. Soudain, les sociologues s'en sont emparés et se sont mis à suivre les biographies et les générations. De grandes enquêtes ont été lancées en ce sens par les instituts nationaux comme l'INSEE et l'INED: elles réhabilitent l'étude de la parenté et la légitiment. Il ne s'agit pas certes de substituer une vision de la famille radieuse à une vision de la famille en crise, mais d'apprécier plus justement les pérennités et les évolutions de l'institution.

Pour qualifier ces évolutions, on a parfois été obligé d'inventer des mots. Ainsi, en Scandinavie, la pratique de la cohabitation est si répandue qu'on a forgé le terme de *Sambo* pour désigner celui qui n'est ni un ami ni un époux, mais un compagnon de vie, peut-être le père d'un ou de plusieurs enfants. En France, le développement de l'union libre est trop récent pour que l'usage ait arrêté un nouveau vocable. Les jeunes cohabitants comme les 'non-beaux-parents' adoptent une terminologie souple, souvent sur le mode de la plaisanterie – ce qui est une façon de masquer sa gêne dans une situation ambiguë: on parle du 'Jules', du 'copain', du 'compagnon', voire du 'fiancé'. De même, comment les enfants doivent-ils s'adresser au compagnon de leur mère, qui les élève?

Cohabitation et famille recomposée

Aucune terminologie n'est neutre. 'Concubinage', par exemple, renvoyant au modèle des familles ouvrières d'avant-guerre, ne convient plus pour désigner les nouvelles unions formées par des jeunes issus de tous les milieux sociaux. Louis Roussel a donc adopté le mot 'cohabitation' qui a moins de résonances historiques et sociales. Nadine Lefaucheur et d'autres sociologues ont traduit l'expression anglaise *one-parent families* par 'familles monoparentales' pour souligner que celles-ci sont bien de vraies familles et non des familles 'dissociées', comme on le disait encore dans les années 60. Les nouveaux cercles familiaux constitués de conjoints successifs (légaux ou non) ont acquis un statut de familles 'recomposées', épithète également inspirée de l'anglais *(reconstituted families)*. Irène Théry, qui a la première utilisé cette appellation, souligne que la reconnaissance de la famille d'après le divorce ne va pas sans résistance. Deux conceptions opposées de la parentalité s'affrontent là: l'une veut que les liens biologiques survivent à tous les aléas* de la conjugalité; l'autre dit qu'il n'est de famille et de parentalité que dans l'actualité des relations nées de la vie partagée. Ajoutons enfin que le développement des techniques de procréation artificielle bouleverse les questions de filiation: qui est le père? le géniteur ou bien celui qui élève l'enfant?

Cette histoire récente de la famille française s'inscrit à l'évidence* dans un mouvement européen d'ensemble. Les démographes–statisticiens affirment que l'Europe démographique est déjà faite: dans la plupart des pays, on observe un parallélisme frappant des transformations démographiques, qu'il s'agisse des mariages, de la fécondité ou des divorces. En ce domaine, l'Italie et l'Espagne, voire la Grèce et le Portugal, qui avaient été plus lents à 'démarrer'*, ont en quelque sorte rattrapé leur retard.

Cela ne signifie pas que les spécificités nationales aient disparu. La proportion de femmes dans la population active varie fortement d'un pays à l'autre. Par ailleurs, les relations entre les générations sont très différentes: il n'y aurait rien de pire pour une vieille dame anglaise que d'avoir à vivre avec ses enfants, tandis que son homologue* portugaise trouverait normal d'être accueillie en cas de besoin sous le toit de sa fille. En France, la famille occupe une place spécifique dans la hiérarchie des valeurs nationales. Longtemps, la lutte contre le malthusianisme y a été encouragée par les mouvements nationalistes. Si tous les pays d'Europe ont pris des mesures en faveur des familles (aides au logement, à l'enfance ou aux personnes âgées) aucun d'entre eux ne revendique ouvertement, comme le fait la France, une politique familiale. Depuis la Libération, celle-ci constitue un enjeu* pour tous les partis politiques. Et on ne trouve dans aucun autre pays démocratique un Haut Conseil de la famille et de la population, placé auprès du président de la République, sorte de gardien moral de l'existence des familles en France.

En 1946, la mariée qui convolait sous un voile blanc était vierge, ou n'avait jamais eu de relations sexuelles qu'avec son mari; elle quittait ses parents pour créer son propre foyer; elle se préparait à consacrer sa vie à son époux et à élever ses enfants, ce qui apparaissait, en ces temps d'après-guerre, comme le signe de la paix retrouvée, de la liberté conquise ou tout simplement du bonheur. En 1991, sous ce même voile blanc, la mariée a sans doute déjà vécu avec son conjoint quelques mois, voire quelques années. Elle ne s'engage qu'une fois sa carrière professionnelle assurée. Peut-être l'enfant des nouveaux époux, aux côtés de leurs pères et mères avec leurs conjoints ou leurs compagnons, viendra-t-il sourire sur la photo de noces. Tout le monde trouvera cela charmant et normal, les copains bien sûr, mais aussi la grand-mère qui soupirera d'aise* de se voir entourée d'une grande famille.

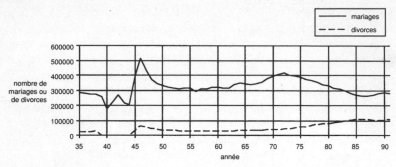

Figure 7: La crise du couple marié: mariages et divorces
Sources: INSEE et INED
Les deux courbes ci-dessus montrent, d'une part, une chute du nombre des mariages
– hormis le pic de 1946 (517 000 mariages), largement dû au 'rattrapage' des
années de guerre, le sommet est atteint en 1972 (416 300 mariages) – et d'autre
part, une forte croissance du nombre des divorces. Pour ces derniers, on note une
augmentation accrue à partir de 1975, date à laquelle fut promulguée la loi sur le
divorce par consentement mutuel qui facilite la procédure. En revanche, à partir de
1985, la courbe se stabilise, tandis que, depuis 1987, on observe une légère
augmentation des mariages. Retour à la tradition? Rien n'est moins sûr. Aujourd'hui, le
mariage consacre souvent plusieurs années de vie commune en union libre, parfois
ponctuée de naissances. Il n'est plus un carcan imposé aux femmes, mais un choix
parmi d'autres.

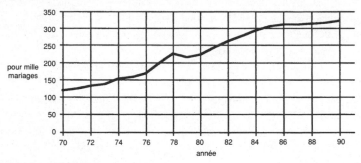

Figure 8: Nombre de divorces
Sources: INSEE et INED
La courbe ci-dessus vient compléter celle de l'évolution des chiffres bruts du divorce
pour les vingt dernières années. Elle se fonde sur l'indice synthétique de divortialité,
donné pour mille mariages, c'est-à-dire le nombre moyen de divorces pour mille
mariages dans une année. Il s'agit ici d'une progression continue, l'augmentation du
nombre des divorces se conjuguant avec la baisse de celui des mariages. Cette
croissance explique l'extension des familles dites monoparentales: on en compte
aujourd'hui 1,2 millions (contre 700 000 il y a trente ans) dont 80% sont constituées
de femmes élevant seules leur(s) enfant(s), le plus souvent à la suite d'un divorce.

Repères chronologiques

1939 Promulgation du 'Code de la Famille' qui instaure notamment:
- des allocations familiales* pour les familles de deux enfants ou plus;
- une prime* à la naissance du premier enfant dans les deux premières années du mariage;
- des dispositions fiscales et un régime successoral favorable aux familles nombreuses;
- une allocation de salaire unique pour les mères restant au foyer.

1945 Création de la Sécurité sociale dont la branche 'famille' intègre les allocations familiales et le calcul de l'impôt sur le revenu par le système du quotient familial*. Création du Haut Comité consultatif de la population et de la famille.

1964 Loi sur la tutelle et l'émancipation.

1965 Loi sur les régimes matrimoniaux (les pouvoirs de la femme mariée sur les biens communs sont accrus, un mari ne peut plus s'opposer à ce que sa femme exerce une activité professionnelle, une femme a la possibilité d'ouvrir un compte en banque sans l'accord du mari).

1967 Vote de la loi Neuwirth relative à la vente des contraceptifs oraux.

1970 A la formule 'le père seul exerce la puissance paternelle pendant le mariage', est substituée la phrase: 'les époux assurent ensemble la direction morale et matérielle de leur famille . . . le père et mère exercent en commun l'autorité parentale'.

1972 Égalité des enfants naturels avec les enfants légitimes.

1975 Loi Veil autorisant l'interruption volontaire de grossesse (I.V.G.).

1975 Loi déterminant que 'les époux contribuent aux charges du ménage à proportion de leurs facultés respectives'.

1975 Loi sur le divorce par consentement mutuel.

1976 Allocation de parent isolé.

1977 Instauration du complément familial accordé aux familles ayant à leur charge au moins trois enfants de plus de trois ans.

1977   Institution du congé parental d'éducation (pouvant être pris indifféremment par le père ou la mère).
1981   Augmentation et modulation des allocations familiales.
1982   Instauration de remboursement partiel de l'I.V.G. par la Sécurité sociale.
1983   Allocation parentale d'éducation.
1985   Création du Haut Conseil de la population et de la famille sous la présidence du président de la République.
1991   Autorisation de la publicité sur les contraceptifs.
1991   Remboursement de l'I.V.G. et d'un grand nombre de contraceptifs par la Sécurité sociale.

Adapté de Martine Segalen et mis à jour.

Lexique

rattrapage: *(m)* action de combler retard ou insuffisance
repérable: dont on peut trouver des traces
convolent: (convoler) se marient *(archaïsme employé par plaisanterie)*
remise en cause: *(f)* remise en question, mise en doute
conforte: (conforter) encourage
puériculture: *(f)* méthodes qui assurent le bon développement physique et psychique de l'enfant
pédiatrie: *(f)* branche de la médecine qui étudie les maladies des enfants
rentable: qui produit des résultats, qui vaut la peine
dévaloriser: diminuer de valeur
secteur tertiaire: *(m)* secteur comprenant les activités de service par opposition aux secteurs primaire (agriculture & pêche) et secondaire (industrie)
Mai 1968: événements (révolte des étudiants, suivie d'une grève générale) dont la portée politique immédiate a été vite épuisée, mais qui marquent un moment de rupture dans l'évolution des attitudes sociales et culturelles
entérine: (entériner) rend définitif, consacre
charnière: *(f)* point d'articulation, de jonction
soixante-huitard: libertaire, héritier des idées promues par les étudiants et jeunes ouvriers qui ont mené le mouvement de mai 1968

carcan: *(m) (fig.)* quelque chose qui est perçu comme une contrainte
concubinage: *(m)* union libre (expression aujourd'hui sentie comme péjorative
actualise: (actualiser) corrige en fonction des données actuelles
creux: *(m)* point bas (dans une courbe statistique)
prendre [un] recul: se détacher du moment, pour arriver à une appréciation plus équilibrée
alimentée: nourrie, entretenue
affectifs: qui concernent les sentiments
qui s'inscrivent: (s'inscrire) qui sont insérés
l'État-providence: *(m)* le système de protection sociale (allocations familiales, allocations chômage, retraites, soins médicaux et hospitaliers, etc.) financé par l'État
décloisonné: supprimé les barrières entre
filiation: *(f)* liens de descendance (entre père ou mère et fils ou fille)
aléas: *(m)* événements imprévisibles
à l'évidence: évidemment
démarrer: se mettre en mouvement; (ici) connaître les mêmes évolutions que les autres
homologue: personne dans une situation équivalente
enjeu: *(m)* ce que l'on peut gagner ou perdre dans un jeu, une entreprise
aise: *(f)* (ici) contentement
allocations familiales: *(f)* versements directs et mensuels d'argent aux familles d'au moins deux enfants
prime: *(f)* une somme d'argent donnée à titre d'aide ou d'encouragement
quotient familial: *(m)* réduction du montant de l'impôt sur le revenu proportionnelle au nombre d'enfants à charge

Compréhension

1. Tracez l'enchaînement des développements dans l'économie, la société et la médecine, qui ont modifié le contexte dans lequel la famille a évolué depuis la guerre.
2. Précisez les relations entre l'évolution de la famille et l'évolution de la jeunesse.
3. Précisez les relations entre le féminisme et l'évolution de la famille.
4. Définissez 'l'endogamie sociale'.
5. Quels indices indiquent qu'on est en train de redécouvrir la famille élargie?

2.2 Un cas particulier: la famille monoparentale

L'évolution des moeurs présente un double défi. Défi, d'une part, au sociologue, qui doit essayer d'adapter ses analyses à la réalité qu'il trouve, sans la fausser par l'imposition d'un modèle prescriptif. Défi, d'autre part, à la société, à travers ses législateurs, qui doivent décider des mesures à adopter en face de comportements nouveaux.

La distinction n'est jamais cependant complète: les sociologues font partie de la société dont ils partagent les perceptions, et même la simple constatation de 'faits' statistiques repose sur le choix des catégories sous lesquelles les phénomènes sont rangés. Les analyses des sociologues ont donc tendance à suivre les changements de mentalités dans la société, et en même temps à entériner ces changements, légitimant ainsi les comportements nouveaux et, éventuellement, leur reconnaissance dans la législation. Un bon exemple de ce circuit est offert par l'adoption, dans les années 70, de l'expression 'famille monoparentale'. En isolant et nommant ainsi cette catégorie, la sociologie est elle-même influencée par des courants d'opinion, et à son tour conforte des pratiques, par exemple dans le domaine de la politique sociale, qui reflètent cette nouvelle perception.

Dans ce contexte, nous présentons d'abord une analyse critique de la catégorie de 'famille monoparentale', qui, en creusant la réalité derrière l'expression, illustre les difficultés posées au sociologue et au législateur par un paysage familial de plus en plus divers et multiforme. Ensuite, pour souligner que le malaise devant certains aspects des évolutions récentes n'est pas qu'une simple nostalgie du bon vieux temps, nous présentons un texte qui est un véritable cri d'alarme, dû à la plume d'une éminente sociologue, inquiète des effets que peut avoir une acceptation – selon elle, trop facile – des nouveaux modèles de comportement.

Texte 2.2.1
Lefaucheur, Nadine, 'Les familles dites monoparentales', (extrait), *Les parents au singulier*, 'Collection Mutations', Éditions Autrement, no 134, janvier 1993, pp. 27–37

Il y a vingt ans, on ne connaissait pas en France de 'familles monoparentales'. Non qu'il n'en existât point: si l'on se reporte aux résultats des recensements de population effectués au cours des années 60, on peut constater que les foyers composés d'un parent vivant sans conjoint avec un ou plusieurs enfants représentaient alors près de 10% des familles ayant des enfants à charge. Ils n'étaient cependant pas perçus comme constituant une catégorie spécifique.

Quelques associations de femmes 'chefs de famille'[1] ouvertes à toutes les femmes seules avec enfants à charge, quel que soit leur statut matrimonial, s'étaient bien constituées à la fin des années 60, et le bénéfice de l'allocation d'orphelin, créée en 1970 pour les enfants ayant perdu leurs parents, ou l'un d'eux, étaient également attribué aux enfants de mères célibataires non reconnus par leur père. Mais, en règle générale, pour le législateur comme pour l'opinion publique, veuvage, divorce et illégitimité ne relevaient ni du même chapitre* ni du même traitement social: la veuve et la fille mère se trouvaient encore bien souvent placées l'une près de la religieuse, l'autre près de la prostituée, aux deux extrémités de l'échelle de la dignité féminine et de la considération sociale.

Pour les spécialistes de la criminologie ou de la psychopathologie* qui, depuis près d'un siècle, voyaient dans la rupture du couple parental l'une des principales sources de la délinquance juvénile et des troubles du caractère chez l'enfant, les familles appelées monoparentales faisaient certes partie d'une même catégorie, celle des 'familles dissociées'. Mais ces spécialistes rangeaient dans cette catégorie toutes les familles conjugales dont la composition du couple parental leur paraissait anormale, et en particulier celles comprenant un beau-parent.

Crise de la famille

Ce sont les sociologues féministes qui, dans la seconde moitié des années 70, ont importé la notion de famille monoparentale des pays anglo-saxons où elle était apparue une dizaine d'années plus tôt. Elles voyaient dans l'utilisation d'une telle notion un moyen de porter les foyers dont le chef est une femme au rang de 'vraies familles', d'un type sociologique particulier, mais aussi noble et même plus 'moderne' que celui de la famille conjugale.

De plus en plus nombreux étaient en effet ceux qui, s'en réjouissant ou le déplorant, estimaient alors que la famille 'traditionnelle' était menacée, sinon condamnée, par l'évolution des moeurs – une évolution traduite aussi bien par le mouvement des indicateurs démographiques que par les modifications apportées à la législation. On faisait en effet moins d'enfants, et on les faisait plus souvent hors mariage. On 'cohabitait' d'ailleurs souvent avant – ou au lieu – de se marier. On divorçait aussi de plus en plus fréquemment. Les femmes étaient de plus en plus nombreuses à travailler, et à travailler de plus en plus

---

[1]Aujourd'hui appelés plutôt 'personnes de référence' [*note des rédacteurs*]

longtemps, en dehors du foyer; de plus en plus nombreuses également à réclamer l'égalité entre les sexes, le libre accès à la contraception et à l'avortement. Et la loi, souvent, entérinait ou favorisait ces évolutions: en 1970, la puissance paternelle cédait la place à l'autorité parentale; en 1972, les enfants naturels obtenaient l'égalité avec les enfants légitimes; 1975 voyait légitimer l'interruption volontaire de grossesse et instituer le divorce par consentement mutuel.

L'introduction de la catégorie 'famille monoparentale' dans la littérature sociologique française s'est donc faite sur fond de remise en cause des modalités 'traditionnelles' de la vie conjugale et de la délégitimation* de l'usage du statut matrimonial comme fondement des différences de 'considération' et de traitement social des mères seules.

Et cette introduction participait elle-même de cette remise en cause et de cette délégitimation, car elle visait à faire reconnaître que les femmes, 'extrêmement capables d'élever seules leurs enfants', ont, quel que soit leur statut matrimonial, la même légitimité (au moins) que les hommes à être 'chef de famille' – et qu'il convenait donc de lutter contre les 'discriminations sociales et économiques qui rendent leur vie matérielle difficile[2]'. [. . .]

La consécration statistique

L'apparition de la catégorie 'famille monoparentale' dans le paysage social français a été consacrée par l'introduction, en 1981, d'une rubrique 'familles monoparentales' dans la nomenclature 'ménages–familles' utilisée par l'Institut national de la statistique et des études économiques (INSEE) pour présenter les résultats des recensements de population et de diverses enquêtes. Sous cette rubrique sont maintenant regroupées les données concernant les ménages (ensemble d'occupants d'un seul logement) composés d'une personne sans conjoint et de (au moins l'un de) ses enfant(s), âgé(s) de moins de vingt-cinq ans, célibataire et vivant lui-même sans conjoint ni enfant; elle n'inclut donc ni les couples cohabitants, ni les familles dites 'recomposées' (celles où le parent gardien vit avec un nouveau conjoint), ni celles où l'enfant le plus jeune a plus de vingt-cinq ans[3]. Cette introduction a permis la production de nombreuses données chiffrées concernant la structure socio-démographique et les conditions de vie des ménages monoparentaux.

[2]Andrée Michel, *Sociologie de la famille et du mariage*, PUF, Paris, 1978 (2e édition)
[3]A partir du recensement de 1990, la présence d'un fils ou d'une fille, même au-dessus de 25 ans, sert aussi comme indice d'une famille [*note des rédacteurs*].

Si l'on considère celles de ces données qui mesurent la composition par statut matrimonial de la population des parents seuls et la proportion de foyers* monoparentaux dans l'ensemble des foyers ayant des enfants à charge, et si on les compare aux données antérieures correspondantes[4], il apparaît que les années 70 ont constitué, pour la population des foyers monoparentaux, ce que l'on peut regarder comme une 'révolution démographique'. Non que leur fréquence se soit alors considérablement accrue, comme on le dit souvent: en proportion de l'ensemble des foyers comprenant des enfants, elle était même, si l'on en croit les résultats des recensements de population, légèrement inférieure en 1975 (9,4%) à ce qu'elle était en 1962 (9,6%) . . . .

Mais, avec la diminution des décès de l'un des conjoints et l'accroissement des séparations conjugales comme faits générateurs des situations aujourd'hui dites monoparentales, le ratio veufs/divorcés s'est inversé parmi les parents 'isolés': en 1968, 56% des femmes chef de ménage monoparental étaient veuves, 35% divorcées ou séparées (mariées non encore divorcées) et 9% célibataires. En 1982, 30% seulement étaient veuves, tandis que la proportion de célibataires atteignait 17% et celle des divorcées ou séparées 53% . . . .

Aujourd'hui, les foyers monoparentaux représentent de 12% à 13% de l'ensemble des foyers comprenant des enfants ou des jeunes de moins de 25 ans; on compte ainsi près de 1 500 000 enfants ou jeunes à la charge de 1 150 000 parents seuls, dont 87% de femmes. Près de 60% de celles-ci sont divorcées ou séparées, et, parmi les autres, il y a autant de célibataires (avec, beaucoup plus souvent que par le passé, des enfants nés dans le cadre d'unions libres et reconnus par leur père) que de veuves.

Au fur et à mesure que l'expression 'familles monoparentales' gagnait du terrain, elle était donc de moins en moins pertinente: pour près des trois quarts des foyers aujourd'hui rangés dans cette catégorie, le 'ménage', en tant qu'unité de résidence, est bien 'monoparental', mais la 'famille' des enfants qui vivent dans de tels foyers ne l'est pas, et l'un des principaux problèmes que posent ces foyers, et qui se posent à eux, est justement celui de la place affective et matérielle que veut ou ne veut pas occuper le parent non gardien.

La diminution du poids des veufs et veuves dans la population des parents 'isolés' et de leurs enfants s'est accompagnée d'un rajeunissement de cette population. Mais celui-ci est resté modéré: l'âge médian est passé d'environ

---

[4]Beaucoup moins nombreuses, elles étaient regroupées sous des rubriques aux dénominations différentes, telles que 'chef de famille sans conjoint'.

quarante-sept ans, en 1962, à quarante ans, en 1989, pour les mères seules, et de quatorze ans, en 1968, à treize ans, en 1982, pour les enfants qui vivent avec elles. Contrairement aux représentations qu'on s'en fait souvent, la mère 'isolée' est rarement une jeune mère, et ses enfants rarement de jeunes enfants: si l'on ne considère que les mères 'isolées', ayant au moins un enfant mineur à charge, on constate que 5% seulement d'entre elles ont aujourd'hui moins de vingt-cinq ans, tandis que 62% ont plus de trente-cinq ans, et que 5% à peine de leurs enfants ont moins de trois ans . . . .

Si la proportion de familles monoparentales dans l'ensemble des familles ayant des enfants à charge, mesurée à un moment donné, n'a que relativement peu augmenté depuis les années 70 (de 9,5% à 12,5%), la probabilité de connaître au moins une séquence de vie dans un foyer monoparental a fortement augmenté en même temps que les séparations, légales ou non (le nombre annuel de divorces a doublé en France depuis 1975), et l'on peut estimer qu'un enfant sur quatre et une femme sur six sont susceptibles de connaître, au moins de façon transitoire, une telle situation.

Mais, de la plus grande fréquence de ces situations et du succès social rencontré par la catégorie 'familles monoparentales', peut-on conclure à la pertinence sociologique et économique de cette catégorie? Les familles monoparentales partagent-elles vraiment autre chose que le fait d'être monoparentales? En d'autres termes, la monoparentalité a-t-elle réellement des effets spécifiques?

Une catégorie spécifique?

Pauvreté, dépendance économique à l'égard de la collectivité, isolement, socialisation défectueuse des enfants: telles sont aujourd'hui les représentations les plus fréquemment associées aux familles monoparentales et avancées pour légitimer l'intérêt qu'acteurs des politiques publiques, thérapeutes, chercheurs et médias portent à cette catégorie de la population.

A s'en tenir aux éléments les moins difficilement mesurables, la dépendance économique et la pauvreté supposées de ces familles, il n'apparaît pourtant pas que la monoparentalité exerce réellement des effets semblables sur l'ensemble des foyers rassemblés dans la catégorie 'familles monoparentales'.

Pauvres et dépendantes, une partie de ces familles le sont effectivement: 22% des pères seuls sont inactifs (15%) ou chômeurs (7%); 33% des mères seules sont sans activité professionnelle (19%) ou sans emploi (14%); 13% perçoivent l'API* et 7% le RMI (revenu minimum d'insertion)*. Et, en France comme à l'étranger, les enquêtes sur les conditions et les niveaux de vie des ménages concluent à la situation défavorisée des ménages monoparentaux, pris dans leur ensemble et comparés à la totalité des ménages conjugaux.

Cependant, le taux d'activité professionnelle des mères qui vivent seules (85%) est, en France, plus élevé que dans les autres pays développés et dépasse largement celui des mères qui vivent en couple (65%). Certes, il y a deux fois plus de chômeuses parmi les premières (14%) que parmi les secondes. Mais, au total, plus des deux tiers des mères seules occupent un emploi, ce qui n'est le cas que de 57% des autres mères.

D'autre part, parmi ces mères qui occupent un emploi, ce sont les mères seules, et, parmi elles, les célibataires, qui ont le salaire moyen le plus élevé. Pourtant, n'ayant pas, comme les mères vivant en couple, la possibilité de 'choisir' de rester au foyer, elles sont souvent dans l'obligation de rechercher ou d'accepter des emplois peu rémunérés. Mais, pour les mêmes raisons, elles travaillent beaucoup moins souvent à temps partiel et, surtout, restent sur le marché du travail de façon plus continue, ce qui explique que, parmi elles, ce soient celles qui ont été le moins engagées dans la vie conjugale – les mères célibataires – qui ont en moyenne les revenus salariaux les plus élevés, tandis que celles qui ont été, ou sont encore pour une part, les plus engagées dans cette vie conjugale – les veuves et les mariées séparées – sont aussi celles qui, ayant plus souvent et plus longuement interrompu leur vie professionnelle pour se consacrer aux soins du foyer, ont en moyenne, une fois seules, les gains salariaux les plus faibles.

Outre le salaire, on peut aussi considérer le revenu disponible par unité de consommation, c'est-à-dire l'ensemble des revenus du foyer, diminués des impôts et des cotisations sociales* et divisés par un coefficient* dépendant du nombre et de l'âge des personnes composant le foyer. On observe alors, comme on pouvait s'y attendre, que le revenu moyen par unité de consommation dont disposent les mères seules est inférieur d'environ 25% à celui dont disposent les mères qui vivent en couple, et que, parmi les mères seules, celui des 'inactives'* atteint à peine la moitié de celui des 'actives'. Mais on peut aussi constater que, chez ces dernières, il est supérieur d'environ 20% à celui des foyers conjugaux où la mère reste 'au foyer': la moitié des unes, mais un quart seulement des autres, disposaient ainsi en 1981 d'un revenu par unité de consommation supérieur à 2 000 francs par mois.[5] Et, en moyenne, les trois quarts des revenus des mères seules 'actives' proviennent de leur activité professionnelle: ces mères ne dépendent des transferts sociaux* que pour 15% de leurs ressources – alors que ces transferts

[5]Centre d'études des revenus et des coûts, 'Familles nombreuses, mères isolées: situation économique et vulnérabilité', *La Documentation française* (documents du CERC), Paris, 1987.

comptent pour 20% dans le revenu des familles conjugales où un seul parent travaille.[6]
Plus d'un tiers des parents seuls qui ont au moins un enfant de trois à vingt-cinq ans à charge, et un dixième de ceux qui ont un enfant de trois à dix-huit ans à charge, ne bénéficient d'ailleurs d'aucune prestation familiale*, parce qu'ils n'ont qu'un seul enfant et que 'l'autre' parent vivant de cet enfant ne l'a pas 'manifestement abandonné', ou parce que leurs enfants sont trop âgés pour ouvrir encore le droit à des prestations. Ceux d'entre eux – et ils sont nombreux – dont les revenus ne sont pas suffisamment élevés pour être imposables*, ne tirent même pas avantage de leur droit à une demi-part (ou, pour les veufs et veuves, à une part et demie) supplémentaire de quotient familial* pour le calcul de l'impôt sur le revenu. Ainsi, si un tiers environ des familles dites 'monoparentales' apparaissent fortement 'assistées', près d'un autre tiers ne reçoit aucune aide. [. . .]
Les conséquences économiques, mais aussi sociales, de l'entrée en situation monoparentale varient ainsi selon les stratégies adoptées par les parents seuls, l'état du marché du travail sur lequel ils se présentent, et donc la génération à laquelle ils appartiennent et, bien sûr, selon le sexe, l'âge, le statut matrimonial et le milieu social du chef de ménage monoparental, ainsi que selon le nombre et l'âge des enfants qui sont à sa charge. Comment ces conséquences pourraient-elles d'ailleurs être les mêmes pour l'agriculteur des Cévennes*, âgé de plus de cinquante ans au décès de son épouse, vivant avec son dernier fils, âgé lui-même de vingt ans, et pour la jeune lycéenne qui vit à Paris avec son bébé 'né de père inconnu' chez ses parents, publicitaires? Pour le médecin qui, séparé de sa femme avocate, alterne avec elle la garde de leurs deux enfants, âgés d'une dizaine d'années, et pour la femme de ménage immigrée, abandonnée par son conjoint avec sept enfants d'âge scolaire? Pour la femme 'au foyer' qui, fuyant un mari violent, se réfugie avec ses deux enfants en bas âge dans un centre d'hébergement, et pour l'institutrice, ou la femme cadre moyen* administratif ou commercial qui, à quarante ans, 'reprenant sa liberté', se retrouve seule avec des enfants adolescents, qui voient régulièrement leur père, lequel contribue matériellement à leur entretien?
Que partagent donc ces différents chefs de 'famille monoparentale'? Ni leurs conditions et niveaux de vie, ni leurs perspectives d'avenir, ni la nature et l'intensité de leur 'isolement' ou de leurs réseaux sociaux, ni le caractère des relations avec l''autre parent', ni les modalités de socialisation* de leurs enfants . . . .

[6]*Ibid.*

Au fur et à mesure que se développe la recherche sur les familles dites 'monoparentales', le ménage apparaît d'ailleurs de moins en moins comme une unité pertinente. Pour les enfants de 'parent isolé', bien sûr, qui, s'ils vivent quotidiennement avec un seul de leurs parents, ont aujourd'hui une 'famille' beaucoup moins souvent 'monoparentale' que 'bifocale' (sinon même 'multiparentale', le conjoint du parent non gardien, voire les ex-conjoints ou.les partenaires 'non cohabitants' des parents, pouvant jouer des rôles parentaux et représenter des figures parentales de nature et de degré variables) . . . . Mais également pour le chercheur, car comment pourrait-il réellement analyser le fonctionnement affectif, éducatif, économique, des ménages monoparentaux sans prendre en compte les échanges ou les partages (ou leur absence) – en particulier avec le ménage de l'"autre parent' – qui s'opèrent à l'intérieur des réseaux dans lesquels ces ménages sont insérés? Comment pourrait-il faire sans considérer, non seulement l'évolution de ces ménages monoparentaux et leurs diverses recompositions, mais aussi les transformations des réseaux dans lesquels ils s'inscrivent et des échanges qui s'effectuent à l'intérieur de ces réseaux?

Lexique

ne relevaient [pas] du même chapitre: (relever) n'entraient pas dans la même catégorie

psychopathologie: *(f)* étude des troubles mentaux

délégitimation: *(f)* tendance à présenter qqch. comme illégitime (ici: l'idée que le fait d'être marié mérite une considération particulière)

foyers: *(m)* (ici) synonyme de ménages.

API: Allocation de parent isolé *(voir texte 2.3.1)*

revenu minimum d'insertion: *(m)* allocation faite sous certaines conditions à un individu dépourvu de ressources et ne bénéficiant d'aucune autre allocation *(voir texte 4.2.1)*

cotisations sociales: *(f)* contributions prélevées sur le salaire et destinées au financement de la Sécurité sociale

coefficient: *(m)* le nombre d'unités de consommation dans un ménage est déterminé selon le calcul suivant: le 1er adulte compte pour 1 unité, le 2e pour 0,7, et chaque enfant pour 0,5.

inactives: sans activité rémunérée

transferts sociaux: *(m)* transferts de ressources, financés par les cotisations et versés sous la forme d'allocations diverses

prestation familiale: *(f)* aide financière destinée à ceux qui ont des enfants à charge, et comprenant les allocations familiales (versements directs) et le quotient familial *(voir ci-dessous)*

imposables: sujets à l'impôt sur le revenu

quotient familial: *(m)* réduction du montant de l'impôt sur le revenu proportionnelle au nombre d'enfants à charge

Cévennes: *(f)* partie du Massif central, pays rude et en voie de dépeuplement

cadre moyen: *(m)* catégorie socioprofessionnelle, qui comprend plusieurs emplois vers le milieu de l'échelle sociale *(voir texte 3.1.1)*

socialisation: *(f)* moyens par lesquels les enfants apprennent à vivre en société

Texte 2.2.2

Sullerot, Évelyne, 'Paradoxes de la société individualiste', (extrait), *Rapport Grande pauvreté et droits de l'homme*, Commission Nationale Consultative des Droits de l'Homme, Paris, janvier 1992, pp. 121–4

En France, aujourd'hui, ce sont environ 2 000 000 d'enfants qui ne vivent pas avec leurs deux parents, du fait des séparations. L'écrasante majorité de ces enfants vivent avec leur mère, soit seule, soit en couple (marié ou non), avec un autre homme que le père du ou des enfants. Lorsque la famille nucléaire* éclate, le segment mère-enfant n'est pas séparé: la femme réclame la garde du ou des enfants et le tribunal*, quand il s'agit d'un divorce, les lui confie dans 88% des cas, et, la loi, quand il s'agit d'une dé-cohabitation d'un couple non-marié, les lui laisse dans 100% des cas. C'est le père qui est éjecté lors des tourbillons des couples auxquels nous assistons. Dans les divorces, même s'il réclame la garde, même si le divorce est demandé par lui pour faute de la femme, même si le nouveau foyer de la femme n'offre pas de garanties de stabilité, même quand le divorce par consentement mutuel ne lui reconnaît pas de torts – le père n'obtient que très rarement la garde des enfants. Que cette pratique systématique se fonde sur la tradition, c'est l'évidence. Qu'elle invoque, pour se justifier, les écrits de psychologues qui ont étudié les situations passées, c'est encore une preuve que les lois d'aujourd'hui sont appliquées en référence avec les moeurs d'hier. Quand ce n'est pas la loi elle-même qui a été faite dans un autre temps, même bien récent, où les moeurs étaient différentes: ainsi en est-il de la loi de 1970 sur l'autorité parentale qui a confié à la seule mère, au bénéfice du sexe, l'autorité parentale sur l'enfant né hors mariage – ce qui oblige le père à avoir recours au tribunal pour se voir conférer ses droits sur l'enfant qu'il a reconnu, qu'il entretient, qu'il élève.

Les juristes auteurs de ces lois avaient très attentivement étudié le contexte sociologique qui s'offrait à leur examen lors de l'élaboration de la réforme du Code civil.* On comprend la démarche qu'ils ont suivie et leurs conclusions. On peut également comprendre les justifications que donnent les juges de leurs pratiques. On comprend moins bien l'indifférence de l'opinion publique comme des spécialistes devant l'accumulation des malheurs des pères qui s'estiment victimes de dénis* de droits. Cinq associations tentent sans succès d'attirer l'attention des médias et elles n'y parviennent pas plus que les pères grévistes de la faim.

Pourtant, il serait temps de prendre conscience des conséquences irréversibles qu'entraînent les nouvelles moeurs individualistes des couples et les nouveaux droits qui sont échus* aux femmes. Conséquences sur les enfants: en Suède, un enfant sur trois n'a pas son père près de lui. En France nous en prenons le chemin. Les enquêtes prouvent que cette séparation est sévère: 27% des enfants de divorcés ne voient jamais leur père, 25% moins d'une fois par mois. D'autre part, les données sociologiques abondent qui témoignent de l'inquiétante fréquence des adolescents privés de présence paternelle parmi les fugueurs*, les toxicomanes*, les délinquants, etc..

Ces deux seuls problèmes: celui des droits des pères et celui des droits des enfants à leurs deux parents dans toute la mesure du possible mériteraient d'autant plus qu'on les étudie sérieusement que les situations de ruptures parentales s'accumulent, le phénomène s'étend, prend une ampleur considérable. Et, surtout, les signes donnés par la société laissent entendre que les évolutions observées vont continuer, ce qui tend à décourager, démobiliser de plus en plus de pères qui pensent que 'de toute façon, c'est cuit* d'avance', et qu'on attend souvent d'eux qu'ils s'écartent comme des gêneurs plutôt que de prendre leurs responsabilités et de lutter pour en faire respecter l'exercice.

En fait, ce qui est en cause, c'est même la considération que notre société porte ou ne porte pas à la famille, aux liens qu'elle crée, à la cellule qu'elle forme à partir d'individus des deux sexes et de deux générations au moins, en regard de* la considération qu'elle porte aux individus pris isolément. On se contente, pour lors, de répéter inlassablement que la famille résiste à tout, qu'elle se porte très bien, qu'elle représente la valeur la plus aimée des Français, la seule valeur pour laquelle ils accepteraient de donner leur vie – ou à tout le moins 30% d'entre eux, ce qui est bien plus que pour la patrie . . . .

Ces louanges et ces litanies* sont reprises tout particulièrement par ceux qui décident toujours en faveur de l'individu et contre la famille dans toutes les décisions qu'ils sont amenés à prendre en matière d'éthique génétique, de droit social, de droit civil. C'est pour avoir trop entendu les couplets de cet optimisme rassurant que je voudrais alerter notre commission sur les effets à terme de l'individualisme immodéré. La famille constitue un frein aux excès de l'individualisme qui risquent de favoriser les forts au détriment des faibles, qui risquent de briser ou d'affaiblir les responsabilités prises avec amour, qui risquent de détruire la solidarité naturelle au sein du groupe le plus naturel qui soit.

Il n'est pas question de dénigrer la solidarité publique ni de lui retirer la moindre de ses prérogatives, dans l'exercice de la sécurité, des soins aux personnes, de l'éducation des enfants, de la prise en charge des risques, etc.. Il s'agit de reconnaître à temps la structure de solidarité que constitue la famille, et de ne pas démobiliser ceux qui y croient et qui la maintiennent vivante et aimante.

Il n'y a pas que les enfants qui ont besoin de leurs parents et ont droit à leurs deux parents dans toute la mesure du possible. Bien des personnes âgées auxquelles la collectivité* assure une sécurité matérielle minimum dépérissent de solitude faute d'avoir maintenu communication et échanges affectueux avec leurs familles, faute d'avoir des enfants qui assument leurs responsabilités filiales.

Mais ce sont surtout les exclus, les très pauvres, les RMIstes* qui devraient nous faire réfléchir. Autrefois, la charité devait secourir d'abord la veuve et l'orphelin. Aujourd'hui, la solidarité nationale et les associations caritatives* doivent en convenir: les pauvres sont, c'est vrai, sans travail, sans insertion professionnelle. Mais quelle écrasante proportion se trouve sans insertion sociale parce que sans insertion familiale! Femmes seules avec enfants dont ni le conjoint ni les parents ne sont là; chômeurs de longue durée devenus insensiblement demi-clochards, tous contacts perdus avec femmes et enfants; jeunes gens partis de chez eux ou laissés à eux-mêmes pendant les années les plus fragiles, etc.. On ne peut pas grand-chose pour eux sur le plan professionnel tant qu'ils ne sont pas réinsérés socialement – une expression bien pédante qui le plus souvent signifie: avoir près de soi quelqu'un qui compte pour vous, quelqu'un pour qui on compte, quelqu'un pour qui on pourra faire l'effort nécessaire de cesser de boire, de se laver, de prendre soin de l'enfant régulièrement, de suivre une formation, de régulariser sa situation, etc. etc. . . . Un témoin de votre identité près de qui on peut flancher* mais pour qui on peut repartir*.

Avoir eu une enfance perturbée, délaissée surtout, est un des facteurs qui prédispose le plus à ce décrochement* social dont on ne peut plus sortir facilement. Alors, ne multiplions pas à plaisir les candidats à la galère* pour le début du siècle prochain. Or c'est ce que nous sommes en train de laisser faire, voire d'encourager.

Comment? Par une culture qui magnifie les individualismes extrêmes, qui ridiculise les valeurs familiales (de 'père de famille', comme dit l'expression si péjorative) ou qui dramatise les conflits familiaux (voir la nouvelle émission de télévision sur la famille, genre noeud de vipères*, etc. . . .). Par une morale sociale qui fustige* le dévouement ou l'abnégation comme des expressions d'un masochisme latent ou d'une aliénation* dramatique. Par une politique sociale également, qui accorde de moins en moins d'appui et de faveur aux familles constituées, aux couples mariés prenant leurs responsabilités, mais réserve ses aides aux marginaux du mariage et de la famille, aux séparés parce que séparés. Bien sûr, il faut aider celles et ceux qui se trouvent dans le dénuement et l'isolement. Mais pas en affichant que c'est parce qu'ils ou elles sont isolés, en exigeant des preuves de leur isolement matrimonial.[1] A aider les séparés parce que séparés, on provoque des séparations. L'État devient l'État mari, l'État Papa, qui est là pour substituer aux défaillances* familiales. Comment ne serait-ce pas un signe? Les pourcentages d'enfants hors mariage sont d'autant plus élevés que les aides prévues pour les mères célibataires sont importantes – en Suède, au Danemark, en France. Il en va tout autrement en Allemagne ou en Suisse, pourtant frappées de plein fouet par les mêmes 'tendances lourdes'* démographiques entraînées par la société individualiste.

Bien entendu, ce que j'évoque ici mériterait un long exposé et un long débat. Il n'a jamais eu lieu. C'est pourquoi je me permets d'en évoquer la nécessité. Toutes ces réflexions doivent être conduites en envisageant toujours les évolutions à venir, dont certaines sont déjà inéluctables, et en prenant conscience de l'ampleur considérable des phénomènes qui ont commencé à transformer notre société depuis une quinzaine d'années. Il ne s'agit nullement de revenir à la société traditionnelle d'hier, mais de prévoir la société de demain, et d'en prévenir les excès, les 'abus de droit' individualistes et les dénis de droit envers les plus vulnérables.

Lexique

famille nucléaire: *(f)* comportant un couple avec enfant(s)
tribunal: *(m)* cour de magistrat (instance judiciaire chargée, entre autres, des cas matrimoniaux)
Code civil: *(m)* ensemble de législation dans le domaine civil
dénis: *(m)* refus de donner justice

[1]L'auteur pense sans doute à l'API – allocation de parent isolé – attribuée à toute personne qui assure seule la garde d'un enfant de moins de trois ans. [*Note des rédacteurs*]

sont échus: sont attribués (*p.p.* d'échoir)
fugueurs: *(m)* enfants ou adolescents qui s'enfuient régulièrement
toxicomanes: *(m/f)* personnes qui abusent des drogues
cuit: *(fam.)* perdu d'avance
en regard de: en comparaison avec
litanies: *(f) (fig.)* répétitions ennuyeuses
collectivité: *(f)* la société (à travers les systèmes d'allocations sociales)
RMIstes: personnes ayant droit au Revenu Minimum d'Insertion *(voir lexique 2.2.1 et section 4.2)*
caritatives: qui offrent la charité aux démunis
flancher: céder, faiblir
repartir: (ici) essayer de nouveau
décrochement: *(m)* détachement
galère: *(f) (fig.)* situation désespérée
noeud de vipères: *(m)* expression tirée du titre d'un roman de François Mauriac, qui dépeint la famille comme remplie de haine
fustige: (fustiger) blâme, stigmatise
aliénation: *(f)* maladie mentale
défaillances: *(f)* faiblesses, incapacités
tendances lourdes: *(f)* tendances de long terme

Compréhension

1. Expliquez pourquoi il serait plus pertinent de parler de 'ménage monoparental' plutôt que de 'famille monoparentale'.
2. Expliquez et commentez l'expression 'famille bifocale'.
3. Du point de vue des conditions économiques, les différences majeures sont-elles fonction de la situation familiale ou de la situation professionnelle des mères?
4. Précisez les relations impliquées dans le texte 2.2.2 entre les dispositions légales, d'une part, et la 'culture' et la 'morale sociale' d'autre part.
5. Expliquez les expressions 'solidarité naturelle' et 'solidarité publique', et précisez les relations proposées dans le texte 2.2.2 entre les deux.

2.3 La famille et la collectivité

Nous avons vu, au premier chapitre, que la France a connu une histoire démographique assez particulière, créant, surtout aux lendemains de 1870–71 et de 1914–18, une conscience aiguë de sa 'faiblesse'. C'est à la veille d'un troisième conflit que son gouvernement a, pour la première fois, mis en oeuvre une vraie politique familiale, avec un double objectif. D'une part, en 1939, le régime de Vichy, par le Code de la Famille, cherchait à donner une forme concrète à une idéologie particulière, en haussant la famille au même rang que la patrie dans sa hiérarchie de valeurs. Ce lien entre la famille et un régime associé à la collaboration avec le nazisme a peut-être contribué à une certaine dévalorisation de la famille dans les années d'après-guerre, surtout dans les milieux intellectuels et de gauche.

D'autre part, Vichy avait en même temps cependant un but ouvertement nataliste, c'est-à-dire encourager l'augmentation des naissances. Cette politique fut une des rares à survivre au retournement idéologique de la Libération, tellement enracinée était l'idée que la faiblesse démographique du pays avait été une des principales causes de sa défaite. Et une politique familiale vigoureuse caractérise encore aujourd'hui l'‘État-providence’ français.

Des ambiguïtés restent évidentes. Alors que le but nataliste reste affiché (par exemple, dans une campagne publicitaire récente en faveur du troisième enfant), la pratique tend de plus en plus – comme ailleurs en Europe – à être gouvernée plutôt par des considérations de justice sociale. De ce point de vue, les diverses allocations familiales entrent dans le cadre du système de redistribution de ressources des plus aisés vers les plus démunis, les enfants étant vus comme une charge supplémentaire qu'il est nécessaire de compenser. Il est normal que les allocations deviennent un instrument de redistribution au lieu de n'être considérées que comme une incitation à adopter un comportement souhaité, quels que soient les moyens des personnes concernées.

Depuis les années 70, d'ailleurs, la politique familiale est en partie en contradiction avec l'évolution des moeurs, puisque la baisse du taux de fécondité, qui a relancé une politique nataliste, était accompagnée d'un essor de l'activité professionnelle des femmes. Or, c'est surtout à partir du troisième enfant que les responsabilités familiales pèsent sur les choix professionnels des femmes – mais c'est ce même troisième enfant qui assure un bilan démographique positif.

Dans ce contexte, nous présentons deux textes qui considèrent l'intervention de l'État dans deux perspectives différentes. Le premier emprunte le point de vue des femmes intéressées, en passant en revue les solutions qu'offre le système français à celles qui essaient de concilier vies familiale et professionnelle. Le deuxième, dans une perspective plus philosophique, propose une analyse critique des prémisses d'une politique familiale dans une société qui a maîtrisé la fécondité et dans laquelle la décision d'avoir un enfant est donc – en principe – un libre choix.

Texte 2.3.1
Marie-Gabrielle David & Christophe Starzec, 'Aide à la petite enfance et activité professionnelle des femmes', (extraits), *Notes et graphiques du* Centre d'études des revenus et des coûts, no 16, juillet 1991

La participation des mères de famille au marché du travail ne cesse de s'accroître depuis plusieurs décennies, et cette tendance ne s'est pas modifiée malgré le développement du chômage. C'est ce qui, pour une bonne part, a permis l'accroissement du niveau de vie des familles. Depuis 1962, le taux d'activité* des femmes de 25 à 49 ans a augmenté de 34 points pour les familles d'un enfant et de 40 points pour celles de deux enfants. Cette progression n'a été que de 20 points pour les familles de trois enfants et plus.

Aujourd'hui, deux mères de famille sur trois sont actives. La fréquence de l'activité professionnelle diminue toutefois lorsque la taille de la famille s'accroît, et elle est également plus faible, quel que soit le type de ménage, lorsqu'il y a un enfant de moins de 3 ans. Les familles ayant au moins trois enfants dont un de moins de 3 ans présentent ainsi des taux d'activité féminine beaucoup plus faibles que les autres: 27% pour ces familles en 1989 contre 69% pour les familles de 1 ou 2 enfants *(tableau 9)*. Cette situation est encore plus contrastée pour les mères isolées.

Il semble donc que les obligations liées à la petite enfance continuent de peser sur le choix professionnel des mères de famille, notamment à partir du troisième enfant, alors qu'elles n'affectent pas jusqu'ici les comportements d'activité des pères. La présente étude analyse les diverses possibilités qui s'ouvrent aux mères de famille pour leur permettre de maintenir ou de suspendre temporairement leur activité professionnelle lorsqu'elles ont des enfants en bas âge. [. . .]

Tableau 9: Taux d'activité des femmes vivant en couple (en %)

	Dernier enfant de moins de 3 ans	Dernier enfant de 3 à 5 ans	Dernier enfant de 6 à 17 ans
1 enfant	74	80	72
2 enfants	63	71	71
3 enfants et plus	27	38	50

Source: INSEE, enquête emploi 1989

La garde des enfants: des difficultés atténuées par l'existence de l'école maternelle*

Même si elles réduisent leur temps de travail et, *a fortiori*, si elles maintiennent une activité à temps plein, comme cela reste le cas le plus fréquent en France, les mères de famille actives doivent faire garder leurs enfants. En France, cette nécessité se fait surtout sentir avant l'âge de 3 ans. Dès cet âge, en effet, et souvent même un peu plus tôt, les enfants sont accueillis à l'école maternelle, ce qui atténue, dans une certaine mesure, le problème de la garde des enfants: 40% des enfants à 2 ans, 95% des enfants à 3 ans sont ainsi scolarisés*. Ce dernier taux* n'est atteint pour la plupart des pays qu'à l'âge de 5 ou 6 ans, mais il est dans l'ensemble beaucoup plus faible à l'âge de 3 ans. En France, l'école maternelle publique est gratuite et tout enfant y a droit à partir de 3 ans, ce qui n'est pas le cas dans la plupart des autres pays.

Avant l'école maternelle, le système français de garde agréée* (crèche et nourrice agréées) offre des possibilités d'accueil. Mais celles-ci restent encore limitées: 15% des enfants de moins de 3 ans, que leur mère travaille ou non, y sont pris en charge. Dans le cas où les deux parents exercent une profession, ce pourcentage est de 34% dont 20% gardés par des nourrices agréées, et seulement 14% placés dans des crèches. Pourtant, le nombre de places offertes dans les crèches a augmenté de plus de 50% depuis 1980, grâce notamment au développement des 'contrats-crèches' ou 'contrats-enfants' qui, depuis 1984, permettent d'associer les caisses d'allocations familiales* et les collectivités locales* au financement de ces établissements. [. . .]

En moyenne, le coût de la garde agréée se situait, en France, pour la famille, aux alentours de 1 100 F par mois en 1987. Ce montant représente 26% du coût réel d'un enfant placé dans une crèche, mais il couvre 82% du coût réel d'une nourrice agréée. Ce coût ne tient pas compte des possibilités de réductions d'impôts (jusqu'à 300 F par mois environ) qui ne profitent, évidemment, qu'aux ménages imposables. A titre comparatif, le coût de l'école maternelle (gratuite pour la famille) est, pour la collectivité, évalué à 10 500 F par enfant et par an, soit beaucoup moins que le coût global d'une place dans une crèche.

L'impact des aides financières

Si les mères de famille cessent de travailler à la suite d'une naissance, la perte du revenu d'activité est partiellement compensée par une réduction des dépenses de garde d'enfants, parfois par une majoration* de certaines prestations familiales, et par un allégement* de l'impôt sur le revenu. Mais en général le maintien de l'activité professionnelle de la mère reste nettement la solution la plus avantageuse: l'apport net procuré à la famille par le maintien de cette activité équivaut, en moyenne, à 70% du salaire de la mère (tous âges et situations familiales confondus*).

Une interruption de carrière est donc coûteuse dans l'immédiat. De plus, elle a sur le revenu des effets négatifs qui se prolongent après la reprise éventuelle du travail: le salaire des mères ayant interrompu au moins une fois leur activité professionnelle est inférieur de 16% à celui des mères ayant eu une carrière continue (toutes choses égales par ailleurs). En dépit des difficultés liées à la garde des enfants et malgré le coût qui en résulte, il n'est donc pas étonnant que la majorité des mères de famille gardent aujourd'hui une activité à temps plein plutôt que de s'arrêter complètement ou partiellement de travailler.

Mais les données du problème sont assez particulières pour les familles nombreuses, notamment lorsqu'il y a des enfants en bas âge: dans ces familles, le taux d'activité des mères, on l'a vu, reste relativement faible. Les périodes où se posent des problèmes de garde s'accumulent en effet pour ces familles. En outre, le maintien de l'emploi, la poursuite d'une carrière professionnelle normale ou l'insertion sur le marché du travail deviennent plus difficiles.

La création récente (1985) de l'Allocation parentale d'éducation (APE) a contribué à réduire le taux d'activité des mères de trois enfants et plus tant que le dernier enfant a moins de trois ans (ce taux est passé de 31% en 1987 à 27% en 1989). Cette allocation, attribuée spécialement aux familles dont l'un des deux parents **cesse son activité** lors de la naissance d'un troisième enfant (ou d'un enfant de rang supérieur*) apporte en effet une aide financière importante: environ 65% du SMIC* net. De plus, l'octroi* d'un congé parental d'éducation peut garantir aux bénéficiaires de l'APE le retour à l'emploi.

En 1988, 187 000 familles ont bénéficié de cette allocation, ce qui représente environ la moitié des familles ayant au moins trois enfants dont le dernier a moins de trois ans. Cette mesure va dans le sens des préférences des mères de famille: près de 80% d'entre elles sont favorables à une interruption temporaire de leur activité si elles peuvent bénéficier d'une aide financière.

On peut expliquer les changements apportés par l'APE en comparant quelques familles type de 2 et 3 enfants. Dans plusieurs configurations de revenu, on observe alors que l'apport de l'APE – combinée avec d'autres prestations, allégements fiscaux* et réduction des frais de garde – peut

Tableau 10: Gain net procuré par le maintien en activité de la mère de famille dont un enfant a moins de 3 ans[a] (en % du salaire de la mère)

Catégorie sociale du couple	2 enfants dont un de moins de 3 ans	3 enfants et plus dont un de moins de 3 ans
Femme: profession intermédiaire Homme: cadre	66	41
Femme: employée Homme: profession intermédiaire	56	45
Femme: SMIC Homme: employé	56	13

[a]Compte tenu de la fiscalité, des coûts de garde, des prestations familiales dont l'APE pour les familles de 3 enfants et plus

représenter une très large fraction de la rémunération de la mère, et permettre à celle-ci de suspendre son activité pendant la durée de perception* de cette allocation. Pour les bas niveaux de revenus, l'apport net procuré par le maintien de l'activité de la mère après la naissance d'un troisième enfant (le 'rendement' de son travail en quelque sorte) est inférieur à 20% du salaire net de la mère alors qu'il atteignait environ 60% avec deux enfants; le contraste est beaucoup moins important pour les revenus moyens ou élevés *(tableau 10)*.

La présence d'enfants en bas âge dans une famille rend nécessairement plus difficile l'exercice d'une profession par la mère. Suivant les cas, le système français offre des moyens divers pour résoudre ces difficultés. Il n'incite pas particulièrement au travail à temps partiel mais facilite la suspension de l'activité pour les mères de familles nombreuses ayant des enfants en bas âge et un revenu d'activité bas. Il allège aussi les frais de garde des enfants et offre des aides sans conditions de ressources, permettant ainsi aux femmes dont les salaires sont plus élevés ou qui ont des ambitions de carrière de continuer à exercer leur profession. Certes, ce dispositif est loin d'aplanir* toutes les difficultés que rencontrent les familles pour faire garder leurs enfants. Toutefois, ces difficultés sont d'une durée relativement courte et n'empêchent pas, le plus souvent, le maintien de l'activité professionnelle des mères de famille.

Par rapport à d'autres pays, le système d'aide à la petite enfance apparaît en France assez varié, mais il repose essentiellement sur des initiatives des pouvoirs publics. Son évolution récente va dans le sens d'une plus grande souplesse et d'une décentralisation des initiatives. Peut-être d'autres acteurs tels que les entreprises pourraient-ils également jouer un rôle plus important comme c'est le cas dans d'autres pays?

Lexique

taux d'activité: *(m)* pourcentage qui exerce une activité rémunérée

école maternelle: *(f)* établissement d'enseignement destiné aux enfants de 2 à 6 ans

scolarisés: inscrits dans un établissement scolaire

taux [de scolarité]: *(m)* pourcentage d'une classe d'âge inscrit dans un établissement scolaire

agréée: approuvée par des autorités compétentes

caisses d'allocations familiales: *(f)* organismes chargés du versement des allocations familiales

collectivités locales: *(f)* (ici) les communes (les départements et les régions sont aussi des collectivités, c'est-à-dire, des découpages administratifs ayant des compétences spécifiques)

majoration: *(f)* augmentation

allégement: *(m)* réduction

tous ... confondus: sans distinguer entre les différentes catégories

de rang supérieur: né après le troisième

SMIC: *(m)* salaire minimum interprofessionnel de croissance (salaire minimum légal)

l'octroi: *(m)* attribution

allégements fiscaux: *(m)* réductions de l'impôt sur le revenu

durée de perception: *(f)* période pendant laquelle la mère reçoit les allocations (percevoir: recevoir)

aplanir: écarter, éliminer

Texte 2.3.2
Blanchet, Didier, 'Une démo-économie du Dr Pangloss'*, (extrait), *Le Débat*, no 69, mars–avril 1992, pp. 150–1

Opérer des transferts pour compenser l'inégalité de niveaux de vie entre ménages est un des buts majeurs du système de transferts sociaux des pays développés. Mais les prestations familiales peuvent-elles se réduire à cette seule vocation*? La réponse serait totalement positive dans un monde imaginaire où les individus n'auraient aucune maîtrise* de la taille de leur famille: il s'agirait de compenser des inégalités de niveau de vie involontaires dues aux variations non voulues de la taille des familles. Ce monde n'est pas le nôtre, au cas près* des naissances de quintuplés. Ce qui fait l'originalité des inégalités de niveau de vie dues à la fécondité différentielle*, c'est qu'elles résultent d'une certaine forme de choix. La liberté de choix en la matière n'est certes que relative, comme le diraient ceux qui veulent expliquer les comportements de fécondité par la seule pression sociale. Mais on répondra que les théories de la pression sociale visent plutôt à expliquer la convergence des comportements. Les disparités de comportement, quand il en subsiste, seraient précisément cet espace résiduel où se manifeste le mieux le libre-arbitre* des individus. Dès lors, pourquoi chercher à les compenser? Disons simplement que leur compensation est moins urgente que celle d'autres inégalités qui sont bien plus nettement subies que choisies.

Le recours à la notion de droit de l'enfant pourrait, il est vrai, aider à se raccrocher aux branches*. Car si les parents choisissent la taille de leur famille, les enfants ne choisissent pas le nombre de leurs frères et soeurs. C'est donc à leur titre que seraient versées les allocations, pour compenser l'inégalité d'opportunités entre enfants de familles nombreuses et de petites familles. Le problème est que ce type de raisonnement nous fait mettre le doigt dans un engrenage* sans fin. La principale inégalité des chances entre enfants ne résulte pas de la variabilité de leur nombre de frères et soeurs, qui n'est plus que marginale dans une société où la majorité des parents a un ou deux enfants. La principale inégalité des chances vient de la variabilité du milieu social d'origine. Si la notion de droit de l'enfant justifie donc quelque chose, c'est une vaste redistribution verticale du haut vers le bas de l'échelle sociale, et assez peu une redistribution horizontale entre familles de tailles différentes. Par ailleurs, l'idée de droit de l'enfant justifie plutôt des prestations en nature (accès à la santé, éducation gratuite), dont on est assuré qu'elles serviront effectivement l'intérêt de l'enfant. S'agissant des prestations monétaires, et pour prendre un exemple caricatural, rien ne garantit que les parents n'iront pas les dilapider* en jouant aux courses. L'État y gagnerait certes, pour qui une opération de transferts initialement neutre se solderait* finalement par des rentrées nettes*. Mais ni le bien-être des enfants ni l'égalité sociale n'y trouveraient leur compte.* On le voit donc, si l'on veut justifier des transferts monétaires massifs en faveur des familles plus nombreuses, c'est presque inévitablement parce qu'on a une autre idée derrière la tête, celle d'encourager un comportement qu'on juge souhaitable d'un point de vue collectif. On retombe sur l'idée que les comportements spontanés seraient sous-optimaux*, et qu'il serait profitable à tous de les corriger par un système d'incitations appropriées.

Lexique

Dr Pangloss: personnage de *Candide*, roman de Voltaire, qui affiche toujours un optimisme béat, même en face des plus grands désastres

vocation: *(f)* objectif, but

maîtrise: *(f)* contrôle

au cas près: à l'exception de

différentielle: variable selon les individus

libre-arbitre: *(m)* libre choix

se raccrocher aux branches: *(fig.)* chercher une justification, là où il paraît difficile d'en trouver une

engrenage: *(m) (fig.)* enchaînement de conséquences, dans lequel on est pris irrésistiblement

dilapider: gaspiller, dépenser inutilement

se solderait: (se solder) se traduirait finalement

rentrée nette: *(f)* il s'agit des impôts sur les paris.

n'y trouveraient leur compte: (trouver son compte) ne seraient pas satisfaits

sous-optimaux: en dessous du seuil optimal

Compréhension

1. Précisez l'importance, dans le système d'aide à la petite enfance, du seuil représenté par l'âge de trois ans.
2. Précisez l'importance, dans le système d'aide à la petite enfance, du seuil représenté par le troisième enfant.
3. Résumez les effets de l'introduction de l'APE.
4. Commentez l'expression 'pression sociale' et expliquez pourquoi, selon l'auteur, ce phénomène ne peut pas justifier les comportements de fécondité.
5. Expliquez le contraste entre 'redistribution horizontale' et 'redistribution verticale', et précisez les raisons pour lesquelles l'auteur nie l'opportunité de la première *(texte 2.3.2)*.

Thèmes de réflexion: la famille aujourd'hui

1. Selon Segalen, les femmes ont ressenti la famille comme un 'carcan'. Selon Sullerot, la famille constitue 'un frein aux excès de l'individualisme'. Que pensez-vous de ces deux constatations?
2. Il s'agit, selon Sullerot, de 'prévoir la société de demain'. Est-ce possible? Si oui, quelle place fera-t-elle à la famille?
3. Segalen parle de la 'démission des pères' à propos de la 'révolution jeune'. Selon Sullerot, les séparations des pères de leurs enfants sont des

'dénis de droit'. Que reste-t-il du rôle du père dans la famille contemporaine?

4. Les considérations natalistes justifient-elles l'encouragement au troisième enfant?

5. L'État doit-il et peut-il 'se substituer aux défaillances familiales' (Sullerot)?

Chapitre 3

Les groupes sociaux

3.1 Les catégories socio-professionnelles

Dans le premier chapitre, nous avons étudié la division de la société française en groupes d'âge, mais il est clair que toute société est marquée par d'autres types de divisions. Par exemple, comme nous l'avons déjà vu, l'espérance de vie n'est pas la même pour tous. De la même façon, être jeune ou être vieux ne veut pas dire la même chose selon que l'on est ouvrier ou professeur d'université. Que toute société comporte différents groupes, et que le prestige, les revenus, le pouvoir et les savoirs ne soient pas distribués de manière égalitaire entre les différents groupes, est l'évidence même.

Il est moins facile cependant de définir ces groupes ou les critères qui permettraient de déterminer l'appartenance de chacun. Les hiérarchies sociales varient selon les sociétés, et, dans une même société, selon les périodes. Différents types de critères peuvent même coexister dans la mesure où une société peut être divisée simultanément de plusieurs façons. Les critères de prestige, de revenus, de pouvoir ou de savoirs ne se recouvrent que partiellement, et produisent ainsi des systèmes de stratification sociale extrêmement complexes.

Cette diversité est renforcée par le fait que les sociologues analysent ces systèmes de différentes façons, parfois contradictoires. Comme il a été noté déjà dans le deuxième chapitre, la simple constatation de 'faits' statistiques repose sur le choix des catégories sous lesquelles les phénomènes sont rangés. En outre, il y a presque toujours une dimension polémique aux analyses de stratification sociale, car répartir des individus entre différents groupes soulève automatiquement le problème des inégalités sociales et des injustices qui peuvent en résulter. Dans une partie ultérieure de ce chapitre, nous présentons le débat sur la pertinence pour la société d'aujourd'hui de la perspective traditionnelle, selon laquelle la société serait structurée selon des classes sociales, ayant des caractéristiques marquées et des intérêts bien définis.

Quelle que soit l'approche que l'on adopte, cependant, le point de départ obligatoire de toute analyse chiffrée est la nomenclature des **catégories socio-professionnelles (C.S.P.)** telles qu'elles sont définies par l'INSEE. Cette nomenclature a été élaborée au début des années 50, et utilisée pour la première fois lors du recensement de 1954. En 1982, elle a été remaniée et rebaptisée 'professions et catégories socio-professionnelles' (P.C.S.), mais l'expression 'C.S.P.' reste d'usage courant.

L'objectif premier de ces nomenclatures est de permettre de classer les individus, de les compter, et de les regrouper à partir d'un repérage des professions. Il ne s'agit pas d'outils d'analyse et d'observation sociologique proprement dits. Cela dit, il s'agit d'outils extrêmement précieux car ils donnent accès à des multitudes d'informations statistiques, dans la mesure où les catégories ainsi établies sont utilisées très fréquemment en France pour présenter les résultats de sondages politiques, d'études sur les salaires, la consommation, les revenus etc.. En complément d'autres catégories comme l'âge, le sexe, le lieu de résidence, elles permettent d'établir des relations entre de multiples variables et l'appartenance sociale. Elles peuvent être utilisées pour classer les individus ou les ménages, le classement se faisant dans ce dernier cas en fonction de l'activité de la 'personne de référence', c'est-à-dire l'homme du couple ou le parent dans le cas des familles monoparentales.

L'objectif de l'INSEE est de disposer de catégories présentant suffisamment d'homogénéité sociale pour être facilement distinguées les unes des autres. Un seul critère, comme celui du revenu, ne permettrait pas de distinguer entre les groupes. En effet, le jeune cadre débutant et le contremaître en fin de carrière reçoivent peut-être en salaire des sommes comparables, mais ils partagent peu d'autres caractéristiques. Les C.S.P. sont donc définies en utilisant différents critères tels que le statut (travailleur indépendant/salarié), le type de métier (professions intellectuelles/intermédiaires), le secteur d'activité (industrie/services), la taille de l'entreprise (surface pour les exploitations agricoles, nombre de salariés pour les autres entreprises), le statut de l'entreprise (secteur public/secteur privé), le niveau de compétence ou de responsabilité (cadres supérieurs/moyens). Le critère unificateur peut varier selon les catégories, ce qui pose certains problèmes lorsque l'on utilise des versions très agrégées de la classification.

En effet, il existe plusieurs niveaux d'agrégation de cette nomenclature dont l'architecture est pyramidale. Chaque niveau s'emboîte dans le niveau supérieur et elle est disponible en 8, 24, 42 ou 455 postes. Par exemple, les téléphonistes, qui constituent une des professions détaillées de la nomenclature en 455 postes, sont inclus dans le poste P.C.S. 54 ('employés administratifs d'entreprise') de la nomenclature en 42 postes, et dans le groupe 5 ('employés') de la nomenclature en 8 postes.

Si la nomenclature en 8 postes, de par sa simplicité, est la plus couramment utilisée, cette même simplicité n'est pas sans créer de problèmes car on retrouve dans la même catégorie des personnes aux revenus et aux comportements très différents. La catégorie 'Artisans, commerçants et chefs d'entreprise', par exemple, comprend le petit épicier d'un village de 300 habitants et le patron d'une entreprise ultramoderne de 250 salariés. Des différences fondamentales ont donc tendance à y être gommées. La nomenclature la plus fine, en 455 postes, dite nomenclature des professions, remédie bien sûr à ces problèmes mais elle est beaucoup plus lourde à utiliser. La nomenclature en 42 postes, dite des catégories socio-professionnelles, constitue, dans la plupart des cas, un compromis tout à fait acceptable. Elle met en évidence certaines des caractéristiques communes aux membres d'une même catégorie tout en permettant de repérer dans quels domaines se trouvent les différences. C'est donc cette nomenclature que nous présentons dans le tableau 11.

Comme nous l'avons déjà mentionné, différents critères sont pris en compte pour mieux définir les frontières de chaque catégorie et constituer ainsi des sous-groupes relativement homogènes.

En ce qui concerne les **agriculteurs**, le critère de la taille de l'exploitation permet de mettre en évidence les différences qui existent à l'intérieur de ce groupe en termes de revenu, d'éducation, d'âge et d'organisation familiale.

Chez les **artisans, commerçants et chefs d'entreprise**, la taille de l'entreprise et la nature de l'activité permettent de définir 3 groupes qui se différencient clairement, en particulier en ce qui concerne le revenu, l'éducation, et l'activité de la femme (particulièrement élevée dans les ménages de commerçants).

C'est parmi les **cadres** que l'on trouve les ménages aux revenus les plus élevés et les personnes de références les plus diplômées, ce qui est sans surprise. A l'intérieur de cette catégorie, on remarquera 3 pôles distincts: les professions libérales, qui se rapprochent dans certaines de leurs caractéristiques des chefs d'entreprise, les cadres du secteur public et ceux du secteur privé. Le niveau des revenus est plus élevé dans le secteur privé mais les diplômes de ceux qui travaillent dans le secteur public (cadres, professeurs, professions scientifiques) sont plus élevés. On retrouve ce même niveau élevé de diplômes dans les professions de l'information, des arts et des spectacles.

Les **professions intermédiaires** rassemblent une majorité de 'cols blancs' et une minorité de 'cols bleus' (techniciens et contremaîtres essentiellement). Les caractéristiques des premiers se rapprochent de celles des employés alors que celles des seconds se rapprochent de celles des ouvriers. Parmi les professions intermédiaires 'cols blancs', on trouve les instituteurs, les infirmières, les assistantes sociales, les inspecteurs et officiers de police, les secrétaires de direction, les interprètes et traducteurs, les représentants de commerce, les gradés des services techniques de la banque, etc. En général, ces catégories sont plus diplômées et plus féminisées que les intermédiaires 'cols bleus' (techniciens, contremaîtres, agents de maîtrise des secteurs industriels). Ces derniers, souvent plus âgés, habitent aussi plus souvent en zone rurale.

Les **employés**, en dehors du sous-groupe policiers et militaires, forment le groupe le plus féminisé de tous. C'est un groupe assez hétérogène mais certaines caractéristiques dominent. Les employées sont en général assez jeunes, ce qui explique qu'il y a plutôt moins de couples dans cette catégorie que dans d'autres. Elles travaillent dans les grandes entreprises du secteur tertiaire (banques, assurances, commerce) et dans les services directs aux particuliers (coiffure, garde d'enfants, femmes de ménage) mais aussi dans les services administratifs des entreprises industrielles. Elles habitent plus souvent dans les grandes agglomérations et sont rarement propriétaires de leur logement. D'une certaine façon, les employés du secteur public (employés civils et agents de service de la fonction publique, policiers et militaires) constituent un sous-groupe assez homogène, caractérisé par le nombre plus élevé de couples et le plus grand nombre de personnes dans les ménages.

La catégorie des **ouvriers** est clairement subdivisée en deux groupes, en fonction des niveaux de qualification. Les plus qualifiés sont plus diplômés, plus âgés et ont des salaires plus élevés. Chez les ouvriers, les femmes travaillent moins à l'extérieur que dans les autres catégories, ont plus d'enfants et ils sont moins souvent propriétaires de leur logement.

La répartition de la population selon la catégorie socio-professionnelle n'est évidemment pas fixe, mais se modifie sous le coup des transformations technologiques et économiques, ainsi que des besoins du service public. Le texte suivant analyse comment le paysage social s'est transformé pendant les années 80 dans le contexte de ces changements.

Tableau 11: Principales caractéristiques des ménages, selon la catégorie socio-professionnelle de la personne de référence, en 1989

	Nombre de ménages (milliers)	Revenu mensuel moyen en francs (1984)		Nombre moyen par ménage	
		par ménage	par unité de cons.ᵃ	de personnes	d'actifs occupés
Agriculteurs exploitants	689	8 325	3 165	3,30	1,96
sur petite exploitation	235	7 905	3 112	2,91	1,80
sur moyenne exploitation	236	8 440	3 047	3,45	1,99
sur grande exploitation	217	10 776	3 742	3,56	2,09
Artisans, commerçants et chefs d'entreprise	1 198	10 730	4 416	3,11	1,71
Artisans	633	9 604	3 842	3,27	1,73
Commerçants	461	11 244	4 932	2,90	1,68
Chefs d'entreprise de 10 salariés ou plus	103	25 696	9 697	3,12	1,73
Cadres et professions intellectuelles supérieures	1 798	18 966	8 246	3,00	1,50
Professions libérales	199	20 353	8 849	3,22	1,55
Cadres de la fonction publique	196	16 963	7 440	3,06	1,49
Professeurs, professions scientifiques	295	17 520	8 000	2,80	1,48
Professions de l'information, des arts et des spectacles	114	11 488	6 417	2,17	1,33
Cadres administratifs et commerciaux d'entreprise	527	21 171	8 748	3,07	1,51
Ingénieurs et cadres techniques d'entreprise	467	19 545	8 317	3,13	1,52
Professions intermédiaires	2 909	12 981	5 769	2,87	1,53
Instituteurs et assimilés	397	12 486	6 181	2,63	1,48
Professions intermédiaires de la santé et du travail social	297	11 068	6 218	2,38	1,36
Prof. inter. administratives de la fonction publique	225	12 715	5 577	2,90	1,54
Prof. inter. administratives et commerciales d'entreprise	776	13 726	6 100	2,77	1,47
Techniciens	658	13 335	5 773	3,04	1,61
Contremaîtres, agents de maîtrise	537	12 948	5 138	3,26	1,68
Employés	2 340	9 099	4 504	2,52	1,31
Empl. civils et agents de service de la fonction publique	695	9 282	4 550	2,59	1,41
Policiers et militaires	389	10 799	4 408	3,16	1,47
Employés administratifs d'entreprise	663	9 413	5 088	2,28	1,27
Employés de commerce	244	9 070	4 340	2,37	1,21
Personnel des services directs aux particuliers	348	6 860	3 649	2,24	1,11
Ouvriers	4 671	9 150	3 734	3,30	1,47
Ouvriers qualifiés de type industriel	1 230	9 909	4 028	3,37	1,56
Ouvriers qualifiés de type artisanal	1 150	9 114	3 766	3,28	1,49
Chauffeurs	517	9 559	3 676	3,39	1,59
Ouvriers qual.(manutention, magasinage et transport)	310	9 234	3 708	3,32	1,53
Ouvriers non qualifiés de type industriel	898	8 062	3 318	3,27	1,35
Ouvriers non qualifiés de type artisanal	401	8 250	3 587	3,08	1,30
Ouvriers agricoles	164	7 257	3 088	3,34	1,39
Chômeurs n'ayant jamais travaillé	25	6 059	3 585	2,67	0,16
Ensemble de ménages dont le chef est actif	13 629	11 260	4 874	3,02	1,51
Retraités	6 138	7 204	4 531	1,81	0,16
Autres inactifs	1 724	5 380	3 610	1,90	0,24
Ensemble des ménages	21 490	9 796	4 738	2,58	1,02

ᵃle premier adulte compte pour une unité de consommation, le deuxième pour 0,7, et chaque enfant pour 0,5.

Tableau 11: Principales caractéristiques des ménages, selon la catégorie socio-professionnelle de la personne de référence, en 1989 *(suite)*

% de ménages dont la personne de référence ...				% de ménages où figure un couple	s'il y a un couple:		% de ménages propriétaires d'un logement
... a le bac ou plus	... a moins de 40 ans	... est une femme	... est une personne seule		taux d'activité de la femme	nombre moyen d'enfants	
8	23	5	10	81	77	1,29	60
8	18	8	15	73	73	0,99	66
7	24	4	8	82	77	1,39	59
10	26	2	6	88	79	1,45	56
19	32	8	12	83	74	1,34	36
11	33	4	8	88	70	1,39	35
23	32	15	17	74	82	1,28	36
46	23	4	9	89	70	1,24	43
78	41	11	17	77	63	1,41	25
94	38	10	16	80	63	1,57	40
82	36	9	18	78	60	1,49	23
87	42	21	26	66	72	1,49	25
70	47	29	38	49	71	0,91	23
67	41	10	14	82	62	1,40	23
78	41	3	12	85	60	1,37	22
48	50	16	19	72	72	1,35	18
81	51	28	28	59	80	1,38	18
75	60	45	38	44	77	1,43	14
48	44	20	19	71	71	1,40	15
39	53	18	21	70	72	1,29	18
47	58	3	14	83	74	1,35	15
19	35	2	6	91	67	1,36	24
17	56	44	30	47	69	1,40	13
12	49	48	30	44	75	1,52	15
12	62	2	12	85	59	1,43	9
31	62	52	36	39	75	1,28	14
11	62	48	33	43	74	1,22	12
7	50	61	40	27	69	1,37	11
3	55	6	13	81	63	1,62	14
4	54	4	10	85	63	1,61	14
3	57	2	12	85	66	1,55	13
3	51	0,7	9	88	66	1,56	16
5	58	2	10	86	66	1,55	14
2	57	13	16	72	59	1,79	13
3	55	15	20	68	59	1,66	11
4	57	4	15	79	55	1,72	15
17	87	73	21	16	53	0,95	8
27	49	15	17	73	68	1,46	20
11	0	33	39	56	11	0,14	59
8	25	63	56	24	48	1,08	34
21	33	24	27	64	53	1,12	32

Source: INSEE, Données sociales 1990, Documentation française, Paris, 1991

Texte 3.1.1

Maurin, Eric, 'Les transformations du paysage social 1982–90', *INSEE Première*, no 213, juillet 1992

Informatisation, souci commercial, nouveau partage de l'activité entre industrie et services, telles pourraient être quelques-unes des clefs de la profonde mutation dans laquelle l'espace des métiers se trouve aujourd'hui engagé. Il faudrait sans doute ajouter le mot mobilité, tant la modernisation des firmes et le déplacement des emplois vers les petites unités rendent nécessaires et fréquents les passages par le marché du travail.

Transformation de l'agriculture et du petit patronat

En 1982 subsistaient* encore plus de 750 000 petites et moyennes exploitations agricoles* sans orientation dominante, huit ans plus tard il en reste 400 000 environ. La majorité de leurs propriétaires ont plus de 50 ans, les départs à la retraite devraient se poursuivre.

Ces exploitations s'effacent au profit de plus grandes. Dans la viticulture* et l'élevage*, une nouvelle agriculture progresse rapidement sur de grandes exploitations spécialisées. Vignerons*, éleveurs de porc ou de volailles, ces exploitants sont souvent jeunes, près des trois quarts ont moins de 50 ans.

Les petits patrons du commerce et de l'artisanat* sont un peu moins nombreux qu'en 1982 (–6%), mais surtout les professions se transforment. Dans le bâtiment, les métiers du second oeuvre (électricité, plomberie, menuiserie) résistent mieux que ceux du gros oeuvre*. Avec 13 000 artisans en moins (–12%), la maçonnerie* semble l'un des premiers à subir l'effort de modernisation du secteur.

Le commerce poursuit sa mutation. Concurrencés par les grandes surfaces*, les épiciers perdent du terrain (–27%), tout comme les artisans bouchers (–28%) et les boulangers (–10%), soit 60 000 petits commerçants en moins. En revanche, portées par le développement du tourisme et le nombre croissant des repas pris à l'extérieur, la restauration* et l'hôtellerie offrent de nouvelles opportunités pour se mettre à son compte*(+15%).

Au recul du commerce traditionnel répond la multiplication des indépendants prestataires de services* spécialistes: garagistes (+10 000), patrons d'agences immobilières (+7000), directeurs d'agences de voyages, de petites entreprises de gardiennage, de nettoyage, gérants de laverie. . . . Ces petits patrons ne sont pas plus diplômés que les commerçants et artisans traditionnels (les deux tiers n'ont pas le baccalauréat), mais ils sont plus jeunes, les trois quarts n'ont pas 50 ans.

En créant leur entreprise, beaucoup cherchent sans doute à contourner* un manque de capital scolaire et le risque du chômage. Mais l'activité des petites sociétés de services est fragile. Elle dépend souvent d'entreprises plus grandes, dans des secteurs où la concurrence est forte. En 1990, 70 000 personnes sont au chômage qui, avant de perdre leur emploi, étaient à la tête d'une entreprise de moins de dix salariés. En 1982, ils étaient moins de 20 000 dans ce cas.

La montée des cadres

L'attrait pour le statut libéral* se fait aussi sentir au niveau des diplômés du supérieur. Cherchant à mieux valoriser leurs compétences, ils sont aujourd'hui plus de 25 000 ingénieurs à gérer leur propre cabinet conseil, deux fois plus qu'en 1982. Les deux tiers d'entre eux ont un diplôme de niveau 'bac + 2' ou supérieur.

La montée de ces nouveaux métiers s'inscrit dans l'un des plus importants mouvements de fond des dernières décennies: professions libérales*, cadres* d'entreprise ou cadres de la fonction publique, l'ensemble des personnes désignées comme cadres supérieurs représente aujourd'hui 2,6 millions d'emplois, contre moins de 1,9 million en 1982 (*tableau 12*).

Rendue possible (et nécessaire) par l'élévation du niveau de formation, la création de postes hautement qualifiés répond en priorité à l'informatisation* croissante de l'activité: avec 100 000 emplois supplémentaires, les ingénieurs spécialisés dans ce domaine sont trois fois plus nombreux en 1990 qu'en 1982.

Face à la concurrence, la plupart des industries renforcent aussi leurs potentiels d'ingénieurs technico-commerciaux*. Elles ont besoin de cadres ayant une bonne connaissance de produits industriels complexes et susceptibles de leur faire gagner des parts de marché. Il y a désormais plus de 100 000 ingénieurs technico-commerciaux contre 36 000 en 1982. Sur la même période, le nombre de cadres et ingénieurs de fabrication progresse beaucoup moins vite (+15%). L'arbitrage* leur est particulièrement défavorable dans les industries légères, là où la stagnation des débouchés* rend décisive l'image des produits et donc le rôle du technico-commercial.

Autre évolution assez symptomatique des années 80, la multiplication des cadres spécialisés dans le recrutement et la gestion* du personnel de l'entreprise. Leurs effectifs restent modestes (moins de 20 000), mais leur croissance est très forte. Les entreprises ont pris conscience de l'importance d'une gestion rationnelle des ressources humaines. Elles ont besoin d'être

Tableau 12: Les chiffres des transformations sociales

	Actifs occupés 1982 (milliers)	Actifs occupés 1990 (milliers)	Evolution 1982–90 (en %)	chômeurs[a] en 1982 (milliers)	chômeurs[a] en 1990 (milliers)
1 Agriculteurs exploitants	1 470	991	−32	6	8
2 Artisans, commerçants et chefs d'entreprises	1 819	1 756	−3,5	16	68
21 Artisans	901	830	−8	3	23
22 Commerçants et assimilés	787	761	−3	10	39
23 Chefs d'entr. (10 sal. ou plus)	131	166	+26	3	7
3 Cadres et professions intellectuelles supérieures	1 857	2 604	+40	38	90
31 Professions libérales	237	312	+31	2	4
32 Cadres de la fonction publique, professions intel. et artistiques	699	990	+42	15	32
36 Cadres d'entreprise	921	1 303	+42	21	54
4 Professions intermédiaires	3 813	4 452	+17	158	255
41 Prof. inter. enseignement, santé, fonction publique et assimilés	1 685	1 921	+14	42	72
46 Prof. inter. administratives et commerciales des entreprises	923	1 269	+37	73	116
47 Techniciens	656	717	+9	22	39
48 Agents de maîtrise	550	546	−1	21	28
5 Employés	5 500	5 898	+7	748	1 013
51 Employés de la fonction publique	2 048	2 322	+13	35	97
54 Employés admin. d'entreprise	2 041	1 912	−6	491	423
55 Employés de commerce	625	729	+17	117	237
56 Personnels des services directs aux particuliers	786	935	+19	105	256
6 Ouvriers	7 007	6 531	−7	741	1 082
61 Ouvriers qualifiés	3 736	3 714	−1	359	551
66 Ouvriers non qualifiés	3 002	2 580	−14	357	486
69 Ouvriers agricoles	269	238	−11	25	45
TOTAL	21 466	22 232	+3,5	1 706	2 516

[a]Les chômeurs sont répartis suivant le métier qu'ils exerçaient avant de perdre leur emploi. Dans le recensement, on compte comme chômeurs les personnes qui se déclarent 'chômeurs' (sauf si elles ont déclaré explicitement par ailleurs ne pas rechercher du travail), ainsi que des 'mères de familles', 'personnes au foyer' et 'retraités' qui ont déclaré explicitement rechercher du travail. Ce concept est beaucoup plus extensif que celui de l'enquête Emploi, dont le questionnaire plus fouillé permet d'appliquer les critères du B.I.T. (un chômeur au sens du B.I.T. est sans emploi, disponible pour en exercer un et a fait un acte effectif de recherche au cours du mois précédent l'enquête).
Source: Recensements 1/20e, INSEE – Champ: actifs occupés et chômeurs ayant déjà travaillé

attractives pour fidéliser les personnels les plus aptes à évoluer rapidement au moment voulu. Les grands groupes renforcent leur potentiel commercial et recherchent une meilleure organisation des recrutements et des carrières. Ils cherchent aussi à sous-traiter* les activités les moins directement liées à

Tableau 13: Les métiers qui percent: la part belle aux diplômés

		Actifs occupés en 1982	Actifs occupés en 1990	Évolution 1982–90 (%)	Diplômes ⩾bac (%)
1	Ingénieurs technico-commerciaux en biens intermédiaires	5 560	27 000	485	69
2	Ingénieurs conseils libéraux en recrutement, organisation, études économiques	2 080	8 980	431	81
3	Ingénieurs technico-commerciaux en matériel mécanique professionnel	8 720	30 800	353	68
4	Animateur commercial, inspecteur des ventes	2 840	9 880	347	29
5	Responsables de manutention	7 640	25 570	334	16
6	Cadres presse, audiovisuel et spectacle	3 340	10 640	318	70
7	Ingénieurs technico-commerciaux BTP	3 260	10 050	308	64
8	Ingénieurs informatique (hors tech-comm)	48 120	147 600	306	88
9	Mécaniciens qualifiés d'entretien d'équipement non industriel	9 300	27 780	298	7
10	Techniciens de travaux publics de l'État et des collectivités locales	8 020	22 230	277	60
11	Ingénieurs technico-comm. informatique	7 860	20 920	266	87
12	Chefs de produits, directeurs marketing	9 060	23 240	256	83

Source: Recensements au 1/20e, INSEE – Champ: actifs occupés

leur production. Cela stimule l'esprit d'entreprise et les petites sociétés se multiplient en marge des grandes: il y a 40 000 patrons de PME* (10 à 50 salariés) de plus aujourd'hui qu'il y a huit ans (+26%).

Souvent jeunes, ces sociétés font face à un univers juridique et commercial complexe. Leur développement demande un minimum d'encadrement administratif: les cadres administratifs ou financiers des PME sont 60 000 de plus en 1990 qu'en 1982 (+40%).

Les professions intellectuelles supérieures offrent elles aussi de nombreux nouveaux débouchés (+42%). Les scolarités s'allongent en entraînant les effectifs des enseignants du secondaire et du supérieur: +30% environ, en tenant compte de la baisse des PEGC*. La recherche et la médecine hospitalière ont, quant à elles, suscité la création de près de 50 000 emplois scientifiques (+60%). L'encadrement se renforce beaucoup moins vite dans la fonction publique que dans les entreprises ou les hôpitaux (+15%). La décentralisation du service public a pourtant rendu nécessaire la création de 15 000 postes de catégorie A* dans les collectivités locales.

Souci commercial

Les professions intermédiaires administratives et commerciales de l'entreprise se développent presque aussi rapidement que l'encadrement (+37%). A ce niveau, comme pour les cadres, c'est la fonction commerciale qui suscite le plus d'emplois nouveaux. En 1990, les industries de biens de consommation comptent ainsi 60 000 représentants* de plus qu'en 1982, hommes de terrain chargés de prospecter les clientèles potentielles.

Les compétences sont moins spécifiques dans les professions administratives et commerciales que dans les métiers de la production. On passe facilement d'une entreprise à l'autre et la mobilité est forte, surtout chez les commerciaux. Cette mobilité peut compenser un relatif manque de capital scolaire et permettre d'accéder rapidement à des postes de responsabilité: 1/3 des représentants n'ont pas dépassé le certificat d'études en 1990. La contrepartie est un risque de chômage relativement élevé: près de 120 000 chômeurs exerçaient une profession intermédiaire administrative ou commerciale avant de perdre leur emploi (soit, pour ce type de professions, un taux de chômage d'environ 9%).

Les entreprises donnent la priorité aux commerciaux, mais gardent le souci d'une production de qualité: sans évoluer très vite (+9%), les débouchés des techniciens se transforment. Leur avenir semble de plus en plus dans la recherche et la mise au point de produits nouveaux: les techniciens d'études, d'essais et de contrôle se multiplient (+40%), en particulier dans la chimie et l'électronique. L'informatique stimule aussi les emplois de programmeurs (+30 000), mais entraîne le déclin des dessinateurs qui élaborent les schémas d'ensemble et préparent les dossiers d'exécution. Les secteurs de l'électronique et de l'électricité ont divisé par quatre le nombre de techniciens ayant ce type de responsabilité (53 000 en 1982, 13 000 en 1990).

Dans la fonction publique, les créations d'emplois 'intermédiaires' sont moins nombreuses que dans le privé. L'administration des collectivités locales emploie toutefois deux fois plus de 'B' en 1990 qu'en 1982 (soit environ 40 000 postes supplémentaires).

Employés et informatique

Les effectifs des employés administratifs d'entreprise sont stables, autour de deux millions. La banalisation de la bureautique* entraîne pourtant de profonds changements dans l'organisation interne des entreprises. Les fonctions de secrétariat se développent très fortement tandis que régressent les emplois moins polyvalents de dactylos ou d'employés des services administratifs.

L'informatisation pèse aussi sur l'organisation 'productive' des grandes sociétés du tertiaire, banques ou assurances: après plusieurs années de forte croissance, les effectifs de niveau employé stagnent. Les grandes structures du tertiaire cherchent à améliorer leur productivité: elles recrutent moins et misent sur l'évolution du personnel en place. Avec l'âge, beaucoup d'employés ont pris des responsabilités et le potentiel de 'gradés' de la banque et des assurances (chef de titre . . .) s'est renforcé.

Les nouvelles qualifications ouvrières

Pour les ouvriers qualifiés comme pour les employés d'entreprise, l'emploi est globalement resté stable (environ 3,7 millions d'emplois), mais les qualifications ont beaucoup évolué.

Dans les industries lourdes*, la production s'automatise rapidement. On recrute de moins en moins d'ouvriers qualifiés 'traditionnels' travaillant le métal, ajustant les pièces et montant des ensembles mécaniques. Mais les nouveaux équipements productifs sont plus complexes et nécessitent davantage de suivi. Aux ouvriers de production succèdent ainsi les mécaniciens spécialisés dans l'entretien et la réparation des équipements productifs. Entre 1982 et 1990 près de 100 000 emplois d'ajusteurs, de monteurs ou de tôliers ont disparu, tandis qu'un même nombre d'emplois de mécaniciens spécialisés dans l'entretien des équipements étaient créés.

Selon une logique voisine, l'informatisation des tâches administratives fait disparaître certains postes d'employés, mais stimule l'emploi des mécaniciens spécialisés dans l'entretien des nouveaux équipements bureautiques (+18 000).

Dans les travaux publics*, la rationalisation du travail entraîne le déclin des professions ouvrières traditionnelles, maçons, électriciens ou plombiers. Mais l'entretien des grands édifices demande des compétences nouvelles. Les sociétés de services spécialisées sont en pleine croissance et le nombre d'ouvriers qualifiés pour ce type d'entretien a été multiplié par deux (+40 000 emplois).

La grande industrie préfère souvent déléguer les nouvelles facettes du travail ouvrier. Les emplois correspondants se développent dans les PME, où l'évolution des effectifs répond plus vite aux aléas de l'activité. Ce faisant, les situations deviennent plus instables et favorisent le développement d'un chômage 'qualifié': en 1990, plus de 550 000 chômeurs exerçaient un métier d'ouvrier qualifié avant de perdre leur emploi, contre seulement 360 000 en 1982, soit un taux de chômage de 13%, contre 9% en 1982.

Les agents de maîtrise* connaissent les mêmes grandes évolutions que les ouvriers qualifiés qu'ils encadrent. Les domaines de la fabrication, de l'exploitation ou de la production sont en déclin tandis que progressent rapidement les métiers de responsable d'équipe d'entretien ou d'installation. Globalement, avec environ 550 000 emplois, leurs effectifs stagnent.

L'emploi non qualifié se replie . . .

En huit ans, plus de 400 000 emplois d'ouvriers non qualifiés ont disparu. Ces emplois pâtissent* du déclin des secteurs gros employeurs de main-d'oeuvre (les mines, le textile, le cuir . . .). Ils souffrent aussi de l'automatisation de la production.

Toutefois, la reprise de la fin des années 80 a montré que ce type de main-d'oeuvre restait pour beaucoup de PME le moyen privilégié d'une réponse rapide à une conjoncture favorable: les petites unités ont repris l'embauche et les postes d'ouvriers non qualifiés se sont stabilisés.

D'autre part, dans la manutention*, le tri ou l'emballage*, certains métiers ont beaucoup progressé qui ne nécessitent pas de qualification particulière. Ils ont profité de la relative bonne santé de secteurs du tertiaire comme le commerce de gros ou les transports. L'emploi ouvrier y est important et les qualifications évoluent encore lentement.

Autre frein au déclin des ouvriers non qualifiés, les nettoyeurs sont 75 000 de plus en 1990 qu'en 1982. Les grandes entreprises sont de plus en plus nombreuses à sous-traiter les tâches d'entretien des locaux.

En se déplaçant vers les PME, les emplois d'ouvriers non qualifiés deviennent eux aussi plus précaires*: en 1990 près de 500 000 personnes sont au chômage dont le dernier emploi était un poste d'ouvrier non qualifié (contre 350 000 en 1982), soit un taux de chômage de 16%.

. . . vers le tertiaire

Loin de disparaître, les emplois ne nécessitant pas beaucoup de qualification se déplacent de l'industrie vers le tertiaire, du monde des ouvriers vers celui des employés de commerce, des personnels des services directs aux particuliers et des agents de services.

Ainsi, la croissance des grandes surfaces et des galeries marchandes entraîne la création de nombreux emplois. En 1990, les employés de commerce (vendeurs et caissiers) sont 100 000 de plus qu'en 1982 (+16%). Ces emplois sont plus instables que par le passé: en 1990 près de 240 000 chômeurs étaient employés de commerce avant de perdre leur emploi (soit 25% des actifs ayant ce type de profession), contre 120 000 huit ans plus tôt (15%). Pour chaque poste créé entre 1982 et 1990, on compte donc deux actifs supplémentaires, un salarié et un chômeur.

Les emplois des personnels des services directs aux particuliers sont eux aussi en pleine croissance (+19%), ils répondent à une société plus ouverte sur l'extérieur. Le développement des repas pris à l'extérieur et du tourisme se traduit par près de 100 000 emplois nouveaux de serveurs ou d'employés d'hôtellerie. La généralisation de l'activité féminine induit, quant à elle, d'importants besoins de garde d'enfants: il y a 70 000 assistantes maternelles de plus aujourd'hui qu'au début des années 80 (+37%).

Dans les services aux particuliers comme dans le commerce, les rotations de personnel sont rapides, les emplois de moins en moins stables et le chômage s'accroît: en 1990, 250 000 chômeurs sont d'anciens employés des services aux particuliers, soit 150 000 de plus qu'en 1982. En huit ans, le taux de chômage correspondant a presque doublé, il est aujourd'hui de 21% (5 points plus élevés que ce à quoi aurait conduit une évolution conforme à l'évolution globale du chômage).

La décentralisation du service public, la santé et le développement du système éducatif ont été, eux aussi, de puissants moteurs pour la création de postes demandant peu de qualification. En 1990, on compte ainsi 75 000 aide-soignants* de plus qu'en 1982 (+34%) et 125 000 agents de services (+21%).

La plupart de ces nouveaux postes sont loin d'ouvrir sur un statut de fonctionnaire: ils sont néanmoins beaucoup plus stables que ceux du commerce et des services aux particuliers. Le chômage y est tout à fait résiduel.

Lexique

subsister: (ici) rester, survivre

exploitation agricole: *(f)* expression utilisée aujourd'hui pour parler de ce qu'autrefois on appelait des fermes. De la même façon, on ne parle plus de paysans mais d'agriculteurs ou d'exploitants agricoles. Ces changements de vocabulaire s'expliquent par les changements intervenus dans l'agriculture dans les 30 dernières années.

viticulture: *(f)* culture de la vigne

élevage: *(m)* fait de nourrir et soigner les animaux domestiques, en général pour produire de la viande

Tableau 14: Les poids lourds de la création des emplois

	Actifs occupés en 1990 (milliers)	Variation 1982-90 (milliers)	Diplômes ⩾bac (%)
1 Secrétaires	709	256	35
2 Professeurs agrégés et certifiés, prof. de lycée[a]	301	145	96
3 Ingénieurs informatique (hors techni-comm.)	148	99	88
4 Aides-soignants (du public ou du privé)	294	75	18
5 Nettoyeurs	329	74	2
6 Représentants en biens de cons. auprès d'entr.	120	70	37
7 Assistantes maternelles, gardiennes d'enfants	258	70	5
8 Ouvriers du tri, de l'emballage, de l'expédition	164	67	4
9 Serveurs de restaurant ou de café	244	66	7
10 Agents de service de la fonction publique	201	61	4
11 Représentants auprès de particuliers	123	61	36
12 Mécaniciens qualifiés d'entretien d'équipement industriels	157	60	7

[a]Entre 1982 et 1990 nombre de PEGC ont été promus professeurs certifiés, ce qui explique en partie la très forte croissance des professeurs certifiés. Sur la période, les effectifs des professeurs du secondaire (agrégés, certifiés, PEGC et assimilés) ont quand même augmenté de près de 100 000 (+30%).
Source: Recensements 1/20e, INSEE – Champ: actifs occupés

vigneron: *(m)* celui qui produit du vin

artisanat: *(m)* ensemble des métiers manuels exercés par des indépendants. Exemples: plombier, maçon, cordonnier.

gros œuvre: *(m)* les fondations, les murs et le toit d'un bâtiment

maçonnerie: *(f)* construction des fondations, des murs. En général, tout ce qui utilise le ciment.

grandes surfaces: *(f)* supermarchés et grands magasins

restauration: *(f)* ce qui concerne les restaurants

se mettre à son compte: devenir son propre chef, devenir indépendant, par opposition à salarié

les prestataires de services: *(m)* ceux qui vendent des services et non pas des biens matériels

contourner: éviter quelque chose en en faisant le tour

libéral: (ici) indépendant, non salarié

professions libérales: *(f)* métiers intellectuels demandant une formation élevée et qui se pratiquent librement ou sous le contrôle d'une organisation professionnelle (Conseil de l'Ordre). Dans le contexte français, il s'agit des médecins, pharmaciens, dentistes, avocats, architectes etc..

cadres: *(m)* dans une entreprise, la partie supérieure de la hiérarchie, ceux qui ont des responsabilités de management et sont en général responsables d'un groupe plus ou moins important d'autres salariés. Ce groupe est souvent divisé en cadres supérieurs et cadres moyens. A cette division, s'ajoute une division secteur public, secteur privé.

informatisation: *(f)* utilisation croissante des ordinateurs

ingénieur technico-commercial: *(m)* ingénieur chargé de vendre des produits dont il connaît et comprend les caractéristiques techniques

arbitrage: *(m)* (ici) résultats de l'évolution

débouchés: *(m)* marché, possibilité d'assurer la vente d'un produit

gestion: *(f)* management

sous-traiter: une entreprise (le donneur d'ordre) sous-traite une activité lorsqu'elle demande à une autre entreprise, en général plus petite ou plus spécialisée (le sous-traitant), de prendre en charge certaines activités. Le donneur d'ordre définit toutes les caractéristiques du produit ou du service. Le sous-traitant est essentiellement un exécutant.

PME: petites et moyennes entreprises (moins de 500 salariés)

PEGC: professeurs d'enseignement général des collèges. Il s'agit des enseignants qui ont débuté leurs carrières dans les collèges d'enseignement général qui ont disparus au milieu des années 60. Comme les instituteurs de l'école primaire, ces enseignants n'étaient pas spécialisés dans une matière.

catégorie A: *(f)* les fonctionnaires sont divisés en différentes catégories d'après leur niveau de concours de recrutement. La catégorie A est la plus élevée (études générales, conception, direction), D la plus basse (exécution).

représentant: *(m)* (ici) ceux qui vont présenter et vendre les produits de leur entreprise chez les clients

bureautique: *(f)* (néologisme) informatisation, c'est-à-dire l'utilisation des ordinateurs dans les bureaux

industries lourdes: *(f)* grosses industries (métallurgie, automobile, etc.)

travaux publics: *(m)* construction des routes, ponts, etc.

agents de maîtrise: *(m)* techniciens qui encadrent des équipes d'ouvriers

pâtissent: (pâtir) (ici) souffrent

manutention: *(f)* déplacement des produits à l'intérieur de l'entreprise en vue du stockage ou de la vente

emballage: *(m)* envelopper, conditionner un produit pour la vente ou le transport

précaire: temporaire, menacé

aide-soignants: *(m)* dans un hôpital, personnel non qualifié qui aide les infirmières à soigner les malades

Compréhension

1. Quels sont les dangers d'une nomenclature trop agrégée? Cherchez dans le tableau 11 des exemples de différences importantes à l'intérieur d'une catégorie de la nomenclature en 8 postes.
2. Quelles sont les causes principales de la 'montée des cadres'?
3. Quel a été l'impact de l'informatisation sur l'évolution des C.S.P., en particulier celles des techniciens, des employés et des ouvriers? Va-t-il se poursuivre?
4. Dans quels secteurs la hausse générale du niveau de formation a-t-elle eu les résultats les plus évidents? Et dans quels secteurs les emplois peu qualifiés se sont-ils surtout développés?
5. On parle parfois de la 'tertiarisation' de l'économie. Comment ce processus se traduit-il dans la répartition des professions?

3.2 La mobilité sociale

Il est évident qu'une société qui connaît des mutations profondes dans la répartition des métiers sera aussi marquée, dans un certain sens, par la mobilité sociale. Si, d'une décennie à la suivante, il y a moins d'agriculteurs et plus de cadres supérieurs, cela revient à dire qu'un certain nombre d'individus qui, dans la période précédente, auraient été agriculteurs, ne le sont pas dans la situation actuelle; et inversement, que sont devenus cadres un certain nombre d'individus qui ne le seraient pas devenus une génération avant.

Le phénomène de mobilité sociale peut être considéré selon deux perspectives différentes, selon la manière dont on définit le groupe auquel l'individu est supposé appartenir au départ. La première perspective, c'est celle de la **mobilité inter-générationnelle**. Dans cette perspective, on considère comme 'point de départ' de l'individu le groupe social dans lequel il est né, et on mesure ses chances de se retrouver dans un autre. En pratique, pour des raisons qui sont expliquées dans le premier texte, la comparaison porte sur les catégories socio-professionnelles du père et du fils à des moments comparables de leur carrière.

Dans la deuxième perspective, on prend comme 'point de départ' le premier emploi de l'individu lui-même, pour mesurer les chances qu'il a de se retrouver plus tard dans sa vie dans la même catégorie. Il s'agit de **mobilité intra-générationnelle**, qui prendra la forme, le plus souvent, de promotion sociale, bien qu'une chute dans l'échelle sociale reste possible, ainsi qu'un changement 'horizontal' – c'est-à-dire, vers une catégorie socio-professionnelle différente, mais quasiment égale du point de vue des revenus ou du prestige.

Les deux textes qui suivent analysent ces deux formes de mobilité sociale, avec des résultats à peu près analogues. Dans les deux cas, il semble que, en dépit des transformations profondes qui continuent de travailler la grille des métiers, et bien qu'il y ait un mouvement généralisé 'vers le haut', les chances pour un individu de sortir de façon dramatique d'un chemin tracé à l'avance sont relativement faibles.

Il est important de lire ces analyses dans un contexte historique. Elles témoignent d'une fluidité dans le corps social qui aurait étonné nos aïeux. Si les deux textes mettent néanmoins l'accent sur la tendance apparente de la société française à se figer, c'est que la mobilité semble en recul en comparaison avec les décennies précédentes. Plus profondément peut-être, cette mobilité reste en deçà des attentes dans une société qui a tendance à interpréter la revendication révolutionnaire d'égalité comme égalité d'opportunité, entendue comme les chances qu'ont les individus de se hausser dans la société par leurs propres efforts.

De ce point de vue, les conclusions pessimistes de ces analyses renvoient au chapitre suivant, où il est question des inégalités dans la société française de nos jours. Dans la mesure, cependant, où elles attestent, même avec des limitations, d'un brassage social, elles portent aussi sur la problématique des 'classes sociales', que nous abordons plus tard dans ce même chapitre. Dans une société où une forte proportion d'individus ont connu, au cours de leur vie, deux ou même plusieurs situations sociales différentes, il est évident que ces classes, si elles existent encore, ne peuvent être senties par l'individu comme des compartiments aussi étroitement cloisonnés que dans le passé, et que, pour une proportion assez importante de la population, le sentiment d'appartenance à telle ou telle classe, tend donc à s'affaiblir.

Texte 3.2.1
Gollac, Michel, 'Mobilité sociale: 60% des fils de cadres sont eux-mêmes cadres', *L'État de la France 1992*, La Découverte, Paris, 1992, pp. 147–9

D'une génération à la suivante, les mouvements sont presque nuls entre les catégories extrêmes de l'échelle sociale. C'est ce qui ressort d'une analyse statistique menée en 1985 et portant sur les hommes de nationalité française âgés de 40 à 60 ans, c'est-à-dire ceux dont la position professionnelle est stabilisée et résume bien la position sociale.

Il y a moins de risque, pour un fils de cadre, de devenir et de rester ouvrier, que de mourir au cours de sa vie active: 4%! La majorité des fils de cadres sont cadres, jusqu'à trois sur quatre pour les fils de professions libérales. La plupart de ceux qui ne le deviennent pas exercent une profession intermédiaire, quelquefois sont employés ou patrons. Les fils de chefs d'entreprise de dix salariés ou plus le sont eux-mêmes dans 20% des cas, et 31% sont cadres salariés.

Tableau 15: Répartition des hommes de 40 à 59 ans et de leurs pères par C.S.P.

Catégorie socio-professionnelle	Répartition des fils	Répartition des pères
Cadre	16	6
Chef d'entreprise de 10 salariés et plus	1	1
Profession intermédiaire, employé	30	18
Artisan, petit commerçant	11	14
Ouvrier	34	35
Agriculteur	8	22
Catégorie inconnue	–	4
Ensemble	100	100

Lecture: sur 100 hommes français de 40 à 59 ans, 16 sont cadres. Parmi leurs pères, 6 sur 100 seulement étaient cadres.
Source: INSEE, Enquête 'Formation-Qualification-Profession' (FQP), 1985

Tableau 16: C.S.P des hommes français âgés de 40 à 59 ans en fonction de celle de leur père (%)

C.S.P. du père	C.S.P du fils						
	Cadre	Chef d'entreprise	Prof. interméd. employé	Artisan, commer.	Ouvrier	Agriculteur	Ensemble
Cadre	60	3	27	6	4	<1	100
Chef d'entreprise de 10 salariés et plus	31	21	12	23	10	3	100
Profession intermédiaire, employé	27	1	43	9	20	<1	100
Artisan, petit commerçant	18	3	28	25	24	2	100
Ouvrier	8	1	32	9	49	1	100
Agriculteur	5	1	19	8	33	34	100
Catégorie inconnue	7	1	29	9	53	1	100
Ensemble	16	1	30	11	34	8	100

Lecture: sur 100 fils de cadre, 60 sont cadres, 3 sont chefs d'entreprise, 27 sont professions intermédiaires ou employés, 6 sont artisans ou commerçants, 4 sont ouvriers, et (en chiffres arrondis) aucun n'est agriculteur.
Source: INSEE, Enquête 'Formation-Qualification-Profession' (FQP), 1985

Près de la moitié des fils d'ouvriers, au contraire, sont eux-mêmes ouvriers. Les autres connaissent une promotion sociale, mais limitée. L'expansion des catégories 'employés' et 'professions intermédiaires' leur en facilite l'accès. D'autres, moins nombreux, deviennent petits patrons. Seuls 8% deviennent cadres, 1% chefs d'une entreprise d'au moins dix salariés.

Reproduction et reconversion*

Dans les catégories 'professions intermédiaires' et 'employés', les fils ont généralement pu maintenir ou améliorer le niveau social de leur père: 27% sont devenus cadres, 43% sont restés dans la petite bourgeoisie salariée. Un sur cinq seulement est devenu ouvrier. Cependant, dans une société où les catégories élevées progressent le plus vite, conserver sa position, c'est reculer en termes de rang relatif.

Sous cette réserve, les cols blancs salariés, catégories en expansion, ont aisément pu transmettre d'une génération à l'autre leur 'capital culturel'. Ce capital est formé de savoirs ou d'aptitudes scolaires, mais aussi de manières de penser ou de ressentir socialement valorisées, et qui se traduisent en compétence et qualification professionnelles. Sa transmission passe par l'école, mais pas seulement. Plus le père est diplômé, plus son fils le sera, mais à diplôme du père égal, le fils réussira d'autant mieux à l'école et dans la vie professionnelle que le père aura une situation sociale élevée.

Au contraire, les individus issus des catégories non salariées en déclin ont souvent dû reconvertir, avec plus ou moins de réussite, le capital familial. La part des agriculteurs est passée de 22% à 8% de la génération des pères à celle des fils. Un tiers seulement des fils d'agriculteurs sont agriculteurs eux-mêmes. 9% sont à la tête d'une entreprise non agricole: cette conversion est d'autant plus fréquente que l'exploitation paternelle était plus grande. Mais les fils de paysans qui deviennent salariés ont des destinées semblables à celles des fils d'ouvriers non qualifiés. En sens inverse, la probabilité de devenir agriculteur si on n'est pas fils de paysan est infime*: signe d'une coupure culturelle et refus d'investir dans une branche à faible rentabilité.

Seulement 28% des fils d'artisans, commerçants ou chefs d'entreprise sont eux-mêmes patrons. C'est peu, et en même temps beaucoup: les patrons ne forment plus que 13% de la génération des fils. Près de la moitié des fils de patrons ont reconverti le capital économique familial en capital culturel, accédant aux catégories 'cadres', 'professions intermédiaires' ou 'employés'. Cette conversion a été difficile. A diplôme du père égal, les fils de patrons sont sortis du système scolaire à peine plus diplômés que les fils de salariés. C'est plutôt leur cursus* professionnel qui a été facilité, surtout dans les professions commerciales ou artistiques. Cependant, un quart des fils de petits patrons sont ouvriers.

On a deux fois plus de chances de travailler dans la fonction publique si son père y travaillait déjà. Les fonctionnaires ont un 'excès' relatif de capital culturel par rapport à leur capital économique: cet 'excès' se transmet du père au fils. L'hérédité des fonctionnaires est aussi une hérédité de métier. Un fils de professeur ou de chercheur sur cinq est professeur ou chercheur, 28% des fils d'instituteurs sont enseignants! Bien des métiers manuels se transmettent aussi de père en fils, tant dans l'artisanat* que dans les métiers industriels.

L'hérédité de métier n'est pas toujours une identité. Une conversion de la culture professionnelle du père est possible. Par exemple, le choix du métier de chauffeur est aussi fréquent parmi les fils d'agriculteurs qui quittent la terre que parmi les fils de chauffeurs.

Mener une étude analogue sur les filles est plus difficile, car un certain nombre de femmes ne travaillent pas à l'extérieur et parce que, d'une façon générale, la profession est un indicateur de la situation sociale moins précis pour les femmes que pour les hommes. L'hérédité sociale des filles peut être mesurée en repérant leur situation à partir de la profession de leur conjoint quand elles vivent en couple. La proximité sociale est à peine moins nette entre beau-père et gendre qu'entre père et fils. En revanche, le capital économique se transmet plus souvent sous cette forme au fils qu'à la fille et au gendre. Cet écart est rattrapé par le fait que le capital culturel des gendres sera un peu plus élevé que celui des fils: il y a conversion, et non disparition, du capital économique.

Lexique

reconversion: *(f)* un changement de profession, de métier
infime: très petit
cursus: *(m)* (ici) la succession des différentes étapes de la vie profession-
     nelle. Cette expression s'utilise plutôt à propos de l'éducation. Exemple:
     un cursus universitaire.
artisanat: *voir lexique du texte 3.1.1*

Texte 3.2.2
'Une société qui se fige', *Alternatives économiques*, Hors-série no 18, 1993, pp. 42–3

La société française est-elle à l'heure de la pause? La mobilité sociale, celle qui consiste à changer de catégorie sociale d'une génération à l'autre ou au

Tableau 17: Les mouvements professionnels entre le début et la fin de carriére (hommes)

Premier emploi	Emploi en 1989					
	Artisan, commerçant, chef d'entreprise	Cadre supérieur	Profession intermédiaire	Employé	Ouvrier qualifié	Ouvrier non qualifié
Agriculteur	7	NS	13	11	42	26
Artisan, commerçant, chef d'entreprise	52	NS	10	9	20	9
Cadre supérieur	NS	NS	NS	8	NS	NS
Profession intermédiaire	16	38	42	2	NS	NS
Employé	12	26	30	16	11	6
Ouvrier qualifié	17	8	30	10	32	4
Ouvrier non qualifié	14	3	18	10	38	16
Ensemble	**15**	**10**	**22**	**10**	**31**	**12**

NS: non significatif du fait de la taille réduite de l'échantillon
Source: INSEE

cours de sa vie professionnelle, semble en effet marquer le pas. C'est, du moins, ce qui semble ressortir d'une enquête de l'INSEE qui a interrogé 20 000 personnes actives, nées entre 1930 et 1959, afin de suivre leur parcours professionnel à un moment où celui-ci est, de façon quasi certaine, stabilisé. En effet, il arrive fréquemment que l'on commence sa vie active en occupant un emploi 'faute de mieux', en attendant de trouver la bonne occasion, pour voir ou tout simplement parce qu'on n'a rien trouvé d'autre.

Assez souvent, cependant, cet emploi de circonstance se transforme en fait en emploi définitif et vous engage dans une voie dont on ne sortira plus. Des vocations naissent ainsi, un peu par hasard, mais c'est presque toujours la pesanteur des choses et la difficulté à sortir des ornières* qui vous confinent dans un métier ou dans une carrière qui n'était pas celle envisagée initialement. On se voyait dompteur,* explorateur ou vétérinaire, on se retrouve livreur de pizzas, opérateur de saisie* ou enseignant: c'est la vie. Il est rare de pouvoir forcer le destin ou le déterminisme social.

La preuve? Sur 100 personnes qui, entre 1930 et 1959, ont commencé leur vie professionnelle comme ouvriers qualifiés, 36 étaient encore ouvriers (qualifié ou non qualifié) en 1989: un gros tiers. Certes, une proportion non négligeable a bifurqué* en cours de route, soit en s'installant à leur compte comme par exemple artisan ou commerçant pour 17 d'entre eux, soit en ayant la possibilité de 'grimper' socialement: comme cadre (8%) ou, plus souvent, comme 'profession intermédiaire' (30%) ou employé (10%).

Les optimistes trouveront sans doute que ce n'est pas si mal, que la proportion de ceux qui ont changé en cours de route est élevée et que cela révèle une société finalement assez mobile. Mais n'oublions pas que l'exemple concerne en quelque sorte 'l'aristocratie ouvrière': les ouvriers qualifiés disposent souvent d'une formation qui leur permet plus facilement de bifurquer et de profiter d'une opportunité. En outre, n'ayons garde d'oublier qu'entre 1946 et 1976, la société française a beaucoup changé: essor des cadres, des professions intermédiaires et des employés, et très forte diminution des agriculteurs. Cette situation a provoqué des 'appels d'air' qui, normalement, auraient dû multiplier les changements sociaux.

Ces changements existent, puisqu'ils concernent presque deux personnes sur trois parmi celles qui ont commencé leur carrière professionnelle comme ouvriers qualifiés. En revanche, nettement moins d'un ouvrier non qualifié sur deux est concerné et à peine un actif sur deux pour l'ensemble des catégories socio-professionnelles. Vieux dilemme de la bouteille à moitié pleine ou à moitié vide. On nous permettra de penser que, tous comptes faits, c'est assez peu, surtout dans une société qui a autant changé de structure sociale.

Le point important reste cependant que, lorsqu'il existe, le changement social concerne une proportion décroissante de personnes. Pour l'ensemble des salariés ayant commencé leur carrière avant 1960, moitié d'entre eux avaient bénéficié d'une promotion importante avant 1974. Et seulement 17% d'entre eux en ont eu une entre 1974 et 1989. Tout se passe comme si, avec l'écoulement* du temps, la sauce sociale se figeait peu à peu. Un moment de changement intense a existé durant les 'Trente Glorieuses'*, lorsque la croissance contraignait à faire feu de tout bois.* Il était alors relativement facile de grimper et de profiter des opportunités qui se présentaient forcément dans une société marquée par le plein emploi et l'essor de professions nouvelles. Depuis le début de la crise, l'appel d'air s'est réduit. Les choses, si l'on ose dire, reviennent à la 'normale': la règle, c'est immobilisme social, l'exception la promotion. On avait cru la société française mobile, elle ne l'était que contrainte et forcée, parce que le changement économique l'y obligeait.

Effet de la crise? Sans doute, mais aussi effet pervers* de la montée en charge de la scolarisation. C'est le diplôme, en effet, qui ouvre ou ferme désormais les carrières sociales. Il y a une quarantaine d'années, 79% de ceux qui démarraient* leur carrière comme cadre disposaient d'un diplôme correspondant. Vingt ans après, c'est le cas de 90%. Difficile, dans ces conditions, de devenir cadre par la force du poignet*. Les autodidactes* sont remplacés par les diplômés. Il en est de même pour toutes les catégories socio-professionnelles: les employeurs aiment bien les candidats diplômés, ou même surdiplômés. Et ce sont eux qui grimpent le plus facilement. On a l'habitude de voir dans le diplôme une clé d'entrée, mais c'est aussi un fil d'Ariane*: Dis-moi quel est ton diplôme, je te dirai ce que tu deviendras. Cela réduit les risques, mais aussi les possibilités de changement social: tout se joue, désormais, avant le premier emploi.

Lexique

ornières: *(f) (fig.)* chemin tracé, auquel on est habitué
dompteur: *(m)* celui qui domestique les animaux sauvages (p. ex. dans un cirque)
saisie: *(f)* saisie des données (les entrer les données dans la mémoire d'un ordinateur)
bifurqué: (bifurquer) *(fig.)* pris une autre direction
écoulement: *(m)* passage
'Trente Glorieuses': les années 1945–75, marquées par une croissance inconnue jusque-là (titre d'un livre de Jean Fourastié, devenu expression courante)
faire feu de tout bois: *(loc. fig.)* utiliser tous les moyens (ici: toute la main-d'oeuvre) disponibles
effet pervers: *(m)* effet non voulu
démarraient: (démarrer) *(fig.)* commençaient
par la force du poignet: *(loc. fig.)* par ses seuls moyens, en faisant de grands efforts
autodidactes: qui se sont instruits eux-mêmes, sans formation reconnue
fil d'Ariane: *(m)* fil qu'on suit pour trouver son chemin (comme dans la légende classique, où Thésée sortit du labyrinthe en suivant le fil laissé par Ariane)

Compréhension

1. Un changement de catégorie sociale entre le père et le fils traduit-il toujours une mobilité sociale?
2. Identifiez les différentes composantes de l'hérédité sociale.
3. L'éducation joue-t-elle un rôle en matière de promotion sociale?
4. Quels problèmes particuliers sont posés par l'analyse de la mobilité sociale des femmes?
5. Expliquez le concept de 'capital culturel'.

3.3   'Moyennisation' et clivages nouveaux

Pour bien comprendre le débat sur la 'moyennisation' de la société française, il est nécessaire de faire des comparaisons sur une durée plus longue que celle évoquée jusqu'ici.

Du point de vue de l'évolution sociale, la France était jusqu'à une date assez récente l'une des nations développées les plus conservatrices. Au lendemain de la guerre, elle était le plus agricole des pays industrialisés, et cette agriculture était elle-même toujours dominée par la petite exploitation familiale. Industrie et commerce étaient toujours marquées par la propriété individuelle, tandis que la classe ouvrière connaissait une homogénéité et une conscience de classe, encouragées par sa concentration géographique, qui faisait du parti communiste français le plus puissant en Occident. Même si chaque classe, considérée en elle-même, avait beaucoup évolué, il était non seulement possible, mais tout à fait naturel, de concevoir la société française essentiellement de la même façon qu'en 1914, c'est-à-dire composée de trois groupes massifs – paysannerie, bourgeoisie et prolétariat. Entre ces trois groupes, les 'classes moyennes' étaient relativement peu nombreuses, et tiraillées entre leurs origines populaires et leur ambitions bourgeoises.

A cette situation – du moins en apparence – figée, s'ajoutait l'influence du marxisme, toujours forte dans les milieux intellectuels français. Les analyses marxistes ou 'marxisantes', cherchant une explication de la dynamique et des relations sociales, conçues en terme de conflits et de rapport d'exploitation, plutôt qu'une simple description de la 'surface' sociale, supposent une division majeure de la société en deux blocs, prolétariat ou classe ouvrière, et bourgeoisie. Dans ce schéma, tout autre groupe qui n'est pas susceptible d'être rattaché à l'un ou l'autre de ces blocs se trouve implicitement considéré comme secondaire.

Avec d'une part, le déclin du marxisme, et, d'autre part, les transformations profondes de la société française, cette analyse a été mise en doute, surtout face au développement massif des 'classes moyennes', et à la métamorphose de l'ancienne classe ouvrière. Sans disparaître comme catégorie professionnelle, les ouvriers ont vu leurs revenus augmenter, et leur mode de vie perdre une partie de ses caractéristiques spécifiques pour se rapprocher de celui des employés 'col blancs' et des professions intermédiaires. Le sociologue Yannick Lemel a écrit à ce sujet: 'En fait, les catégories moyennes salariées sont en expansion et peuvent être vues comme une constellation centrale de groupes sociaux en expansion ou en rétraction, entre lesquels la mobilité sociale est forte mais qui partagent une même culture pour l'essentiel'.[1] Il serait donc justifié de parler de la **moyennisation** de la société française.

Si certains défendent l'idée que la société est maintenant composée de strates non hiérarchisées et que la notion de classe ne permet plus d'analyser et d'expliquer le fonctionnement de la société française de la fin du vingtième siècle, d'autres sont convaincus qu'il reste des clivages essentiels. Pour certains, ce clivage passe entre une élite dotée du pouvoir de décision, et une masse salariée qui participe des bienfaits de la modernisation sans pour autant y participer de façon active. Pour d'autres, il passe entre cette masse salariée et protégée et une minorité d'exclus et de marginaux; nous examinons de plus près au prochain chapitre ces phénomènes d'exclusion et de marginalisation.

Dans le texte qui suit, le sociologue Paul Bouffartigue présente les arguments pour et contre la théorie de la moyennisation. Bien que d'un abord quelque peu difficile, ce texte a le grand mérite de présenter une gamme importante d'approches sociologiques contrastées et parfois contradictoires.

Texte 3.3.1
Bouffartigue, Paul, 'Polarisation/moyennisation: les paradoxes d'une dynamique inégalitaire', extrait de 'Le brouillage des classes', Durand, J.-P. et F.-X. Merrien, *Sortie de siècle. La France en mutation*, Vigot, Paris, 1991, pp. 98–102

Afin de présenter rapidement les éléments du débat sur l'évolution des classes sociales, on peut commencer par regrouper les arguments de ceux qui concluent à l'homogénéisation sociale, ou tout au moins au caractère devenu secondaire des clivages* de classe dans la définition des appartenances sociales, avant de les discuter: certains nous semblent fondés mais de nombreux phénomènes sont occultés* dans cette première perspective.

Le procès du concept de classes: la parole à l'accusation

La mise en question de l'existence des classes sociales s'appuie donc sur des transformations manifestes de la structure sociale et des modes de vie, mais

---

[1] Lemel, Yanick, 'Moyennisation: centration progressive sur les classes moyennes', *La Société française en tendances*, PUF, Paris, 1990, pp. 157–9

selon les courants théoriques les angles d'attaque* seront très variables.
Ainsi, pour A. Touraine, qui semble s'être écarté de sa conception relationnelle
des classes sociales, conçues comme groupes sociaux en conflit pour le
contrôle de l'historicité*, la situation présente ne permet pas d'identifier de
tels groupes: 'La société française n'est plus formée de classes sociales;
elle se répartit en trois grandes catégories, définies par leur rapport à la
modernisation. Les avant-gardes modernisatrices attendent des changements nécessaires des résultats favorables pour elles-mêmes, et à terme au
moins pour l'ensemble du pays. Les vastes catégories protégées, soit par la
solidité de leur activité collective, soit par des garanties légales ou
contractuelles, forment la nouvelle classe moyenne solidement organisée
autour de sa conscience d'intégration. Enfin il existe des catégories très
diverses qui se sentent menacées par la crise, la modernisation inéluctable,
le triomphe du marché rebaptisé 'Europe', la fin des protections assurées par
l'État corporatif'*. Pour ceux qui se réfèrent à une conception stratificatoire*
des classes sociales, celles-ci existent encore même si elles ont peu à voir
avec celles d'antan: 'il y a bien encore quatre classes, même si l'appartenance
adscriptive* a moins de rigidité, même si les différences de revenu, pouvoir,
prestige diminuent, au moins entre certains groupes, même si le mode de vie
classes moyennes tend à se généraliser, même si la conscience de classe
n'est pas claire chez chacun, même si (. . .) des clivages nouveaux dans
l'univers des représentations et des pratiques coupent en deux certaines
classes, opèrent des rapprochements entre des fractions de classe
différentes'. Enfin c'est parfois même la simple référence aux appartenances
socio-professionnelles qui est considérablement minorée* au profit des
variables culturelles.

La thèse de la disparition des classes prend appui sur la réalité du recul des
sentiments d'appartenance, en premier lieu dans le monde ouvrier, et de la
diminution de la place temporelle du travail professionnel dans la vie
quotidienne et dans les cycles de vie: l'appartenance professionnelle ne serait
plus de ce fait qu'une référence parmi d'autres dans la formation des groupes
et identités sociales.

Les transformations de la classe ouvrière constituent la pièce privilégiée du
procès: recul numérique des travailleurs manuels; éclatement de la classe
avec l'intégration aux couches moyennes d'un côté, l'exclusion sociale de
l'autre; affaissement de son poids dans la vie nationale au travers de
l'affaiblissement des organisations syndicales et politiques se revendiquant de
cette identité de classe; recul de la syndicalisation et des luttes ouvrières;
'ethnicisation' des rapports sociaux déplaçant le conflit de classe sur le terrain
des relations inter-ethniques; généralisation des formes de vie familiale

(famille nucléaire à fécondité réduite et à double carrière) et d'habitat (accession à la propriété du logement individuel) d'abord initiées dans les couches moyennes, à de larges fractions de la classe ouvrière, atténuant la spécificité du mode de vie ouvrier.

On a, à l'inverse, assisté au développement, en liaison étroite avec le poids croissant des activités étatiques, de ce qu'on désigne comme 'couches moyennes nouvelles', voire comme 'la nouvelle classe moyenne', dont les modes de vie sont parfois considérés comme plus proches du mode de vie bourgeois que de celui du prolétariat. Cette vaste classe moyenne tendrait à absorber l'ensemble du corps social. La mobilité sociale s'est développée, et les appartenances de classe des 'ménages' se sont complexifiées, avec la généralisation du travail salarié féminin.

Pour ce qui est de la classe dominante ou des élites dirigeantes, on avance la thèse déjà ancienne de sa dissolution ou de son éclatement, avec un clivage croissant entre propriété juridique et pouvoir économique: les 'managers' ou la 'technostructure', exerceraient désormais la réalité du pouvoir dans les grandes firmes.

S'il existe encore une conflictualité sociale, elle est dominée par de 'nouveaux mouvements sociaux' situés en dehors du conflit de classe, centrés sur des questions et des catégories qui ne se définissent pas du point de vue de leur place dans le rapport salarial mais dans le processus de consommation et les rapports de domination sociale (femmes, jeunes, consommateurs face aux grands appareils), et qui tendent pour l'heure à fonctionner comme simples groupes de pression, incapables qu'ils ont été de donner naissance à de nouvelles formations politiques. Quant aux conflits professionnels eux-mêmes, c'est la tendance à la corporatisation* qui l'emporte. Plus largement nous serions entrés dans l'ère de la 'post-modernité' avec le triomphe de l'individualisme et des non-appartenances sociales durables. Les grandes représentations politiques et les grands systèmes idéologiques qui s'appuyaient sur des visions de classe de la société se sont entièrement décomposés. Le consensus idéologico-politique sur les grands choix de société s'est renforcé. De nouveaux courants politiques (Front national, Écologistes) traduisant de manière beaucoup moins immédiate que par le passé les oppositions socio-économiques et les cultures de classe se sont affirmés.

La parole à la défense

L'accusation occulte tous les indices qui vont dans le sens de la thèse de la polarisation* sociale. Cette dernière thèse mettra à l'inverse en avant tous les phénomènes liés à l'extension du salariat au détriment des couches sociales d'indépendants (paysannerie, commerçants, et artisans), et à la dynamique des inégalités de tous ordres fondées sur les inégalités de classe.

La salarisation s'est en effet étendue considérablement dans la population active (87% en 1989) même si elle s'est ralentie (suite à une quasi-saturation à un seuil semblant difficilement dépassable), laminant * parmi les actifs le nombre de ceux qui vivent principalement de la détention d'un patrimoine*; ce mouvement a concerné principalement les femmes qui sont plus massivement et continûment que par le passé inscrites dans les rapports sociaux du salariat; l'accumulation des richesses à un pôle de la société, et l'augmentation des revenus fondés sur le patrimoine, a été bien plus vive que celle des revenus du travail. Le chômage et la précarité sont redevenus des phénomènes de masse dans les couches populaires. La concentration économique s'est poursuivie, même si c'est sous des formes toujours renouvelées, et les groupes sociaux qui détiennent le contrôle économique stratégique (décisions d'investissements) ne se sont pas élargis, ni dans leurs contours, ni dans leur recrutement. Enfin des luttes revendicatives* se sont développées dans de nouvelles couches de salariés non ouvriers, en particulier dans le secteur public.

Les visions de la dynamique actuelle des classes et des groupes sociaux en termes de moyennisation accompagnent souvent une vision schématique voire mythique du passé. Or la classe ouvrière, notamment, n'a jamais été complètement isolée des autres couches sociales, ne serait-ce qu'à l'intérieur même des familles 'ouvrières'; son unité relative n'a jamais été durablement acquise sur les processus de diversification et de division.

Ces interprétations identifient la diffusion de certains biens et l'homogénéisation de l'usage social de ces biens, et assimilent trop hâtivement l'affaiblissement des signes extérieurs d'appartenance sociale et le recul des appartenances sociales réelles. La prise en compte fine de la valeur d'usage des biens et de leur usage social, des univers culturels ou 'habitus' amène à la conclusion que 'les écarts demeurent' entre les classes, du moins entre la classe ouvrière et les autres et que l'homogénéité interne du groupe ouvrier reste forte de ce point de vue.

Ces visions occultent enfin le maintien d'une conflictualité sociale et salariale, dont témoignent par exemple le niveau des revendications salariales depuis le milieu des années 80, et parfois la radicalisation des luttes des salariés. Plus largement on observe nombre de pratiques témoignant autant de la vivacité d'aspirations autogestionnaires* que d'individualisme, et la reproduction des représentations de classe de la société dans l'univers des perceptions politiques.

Certes, la place temporelle du travail professionnel dans l'existence a reculé, sous les effets croisés de l'allongement de la scolarisation, de l'extension du chômage, de la multiplication des périodes de formation, de l'avancement de l'âge du départ en retraite ou préretraite, de l'accroissement de la longévité. Mais cette place s'est plutôt accrue chez les femmes, et depuis la fin des années 80 les horaires de travail ne diminuent plus. On peut s'interroger: cette nouvelle donne se traduit-elle par un rôle sensiblement moins important des activités de travail et des appartenances professionnelles dans la structuration des identités sociales et personnelles? On peut en douter, même si les médiations (famille, habitat, vie quotidienne etc.) entre insertion professionnelle immédiate et appartenance à un 'milieu social' sont plus nombreuses et complexes que par le passé.

Les signes extérieurs traditionnels de l'identité de classe, et d'abord de l'identité ouvrière et de sa figure inductrice* de l'ouvrier professionnel, sont effectivement en voie de réduction: travail manuel, vêtement, habitat, mode de vie familial, fécondité, travail féminin, rapports individus/groupe, aspirations scolaires, biens de consommation, patrimoines immobiliers: cette classe s'est en grande partie 'modernisée' en 'conquérant les normes' de l'existence. Plus largement la recomposition du tissu productif (éclatement des **forteresses** ouvrières*, poussée d'un secteur tertiaire en partie très émietté...) et urbain (nouveaux ghettos de la pauvreté d'un côté, banlieues pavillonnaires* de l'autre) bouleverse l'espace ouvrier comme lieu de contre-culture*.

Les transformations de la production et l'explosion du secteur tertiaire ont multiplié les situations de travail où le conflit salariés/employeur est très médiatisé*, où la domination tend à s'exercer sur des modes plus consensuels avec un certain appel à l'initiative et à l'implication subjective des travailleurs.

Les marginalisations économiques, sociales et politiques de masse tendent à cliver* les classes populaires sous l'angle de la précarité (salariés 'protégés' ou non), et à faire apparaître ce clivage comme le clivage social décisif à l'intérieur de la société (**société duale**). Cela favorise le retour à des interprétations des clivages sociaux en termes de ligne de partage entre 'les pauvres' et 'les autres', qui contribue beaucoup à obscurcir les clivages de classe. Ce processus renforce considérablement, dans les années 80, les apparences d'une 'moyennisation' qui se manifestaient déjà dans les années 60.

Les frontières se brouillent,* notamment au sein de la production, entre les ouvriers et de nombreuses autres catégories de salariés, employés et professions intermédiaires. Les configurations sociales familiales sont plus hétérogènes, la mobilité sociale s'est dans une certaine mesure développée, le rôle de l'école s'est beaucoup accru dans l'élaboration des projets familiaux et la socialisation des jeunes.

La classe dominante est moins visible, plus anonyme, plus éloignée, dans la vie et le travail salarié quotidiens.

La dimension politico-idéologique du brouillage des anciennes références de classe est tout à fait essentielle. Les organisations ouvrières sont en difficulté pour redéfinir en la recomposant* une identité de classe en phase* avec les transformations de la société et des aspirations individuelles, et à enrayer* tous les processus qui dissolvent l'ancienne culture ouvrière, affaiblissent la conflictualité collective et obscurcissent les enjeux de classe jusque dans les luttes sociales. On assiste à une crise plus générale des représentations du social qui rendent ce dernier plus opaque, et qui éclaire le succès de nouvelles taxinomies* sociales, telles les 'sociostyles', liées au recul des 'modèles culturels associés aux classes populaires' et à la montée des modèles culturels portés par les diplômés de l'université . Mais ne peut-on concevoir à la limite l'existence d'une 'lutte de classes sans classes', ou constater le retour de la lutte de classes sous les formes les plus inattendues, si l'on considère par exemple le Lepenisme* comme expression d'un populisme hostile au consensus et à la confiscation de la démocratie par les élites ?

Lexique

clivage: *(m)* une division profonde
occultés: cachés à la vue
angle d'attaque: *(m)* une des manières d'aborder un problème
l'historicité: *(f)* (ici) la direction que va prendre l'histoire (référence au rôle historique attribué à la classe ouvrière dans le marxisme)
corporatif: se réfère à une conception de l'État comme arbitre entre les intérêts des différents groupes sociaux
une conception stratificatoire: une conception qui favorise la division de la société en couches ou strates
adscriptive: qui entraîne l'attribution de caractéristiques. Le fait d'appartenir à une classe entraîne l'attribution aux membres de cette classe d'un certain nombre de caractéristiques.
minorée: considérée comme de moindre importance
la corporatisation: la défense des intérêts particuliers au groupe. On parle aussi de défense des avantages acquis.

la polarisation: la division en deux groupes qui se rassemblent chacun autour d'un élément dominant

laminant: écrasant, réduisant à un nombre très faible

patrimoine: *(m)* biens qu'on possède, soit hérités, soit acquis, par opposition aux revenus

revendicatives: qui comportent des revendications, des exigences

aspirations autogestionnaires: *(f)* aspirations à l'autogestion (gestion d'une entreprise par le personnel)

inductrice: qui sert de point de départ à une association d'idées

les forteresses ouvrières: *(f)* les entreprises ou les industries qui employaient beaucoup d'ouvriers et qui ont été le berceau de l'action syndicaliste (mines, fabrication de l'acier [sidérurgie], industrie automobile, etc.)

banlieues pavillonnaires: *(f)* banlieues composées pour l'essentiel de pavillons, c'est-à-dire de maisons individuelles

contre-culture: *(f)* culture fortement différenciée de, et en opposition à, celle de la bourgeoisie

médiatisé: qui n'est pas direct, dans lequel il y a des médiateurs, des intermédiaires

cliver: diviser

se brouiller: devenir indistinct, pas clair

recomposer: reformer, recréer

en phase: qui a lieu au même rythme qu'un autre phénomène

enrayer: arrêter dans leur cours

une taxinomie: une classification

le Lepenisme: les idées politiques de Jean-Marie Le Pen, leader du Front national, parti d'extrême-droite français, qui représente environ 13 ou 14% de l'électorat

Compréhension

1. Identifiez les éléments qui peuvent expliquer le recul du sentiment d'appartenance des ouvriers d'aujourd'hui à la classe ouvrière.
2. La moyennisation est-elle un phénomène purement social ou s'étend-elle aux domaines économiques et culturels?
3. La nature des conflits sociaux a-t-elle changé? En quoi cela constitue-t-il un argument en faveur de la moyennisation?
4. Pourquoi la 'salarisation' serait-elle un argument en faveur de la polarisation sociale?
5. La 'société duale' est-elle une société de classes?

3.4   **Modes de vie et de consommation**

Nous avons vu que l'argument pour la moyennisation de la société française repose en partie sur des questions de mode de vie. En schématisant un peu, on peut dire que jusqu'à une date assez récente, l'appartenance à un des grands groupes sociaux – paysannerie, bourgeoisie ou classe ouvrière – qui composaient la société française entraînait presque mécaniquement l'adhérence à un certain style de vie, jusque dans des détails comme les particularités vestimentaires et alimentaires et les loisirs propres à chaque groupe. Aujourd'hui, il n'est plus possible de parler de 'culture bourgeoise' ou de 'culture populaire' de la même façon, et la vie rurale se rapproche de plus en plus de la vie urbaine.

Les différences entre modes de vie et de consommation n'ont pas pour autant disparu, et restent en partie liées aux différents groupes sociaux. Nous présentons ici une analyse chiffrée, portant sur un aspect de la consommation quotidienne, qui fait appel aux catégories socio-professionnelles et montre ainsi que le milieu social continue à exercer une influence importante sur le choix de style de vie.

Ce même texte, cependant, montre que la C.S.P. n'est pas le seul facteur de différentiation, et que les questions de situation familiale, d'âge, et de niveau d'éducation jouent aussi un rôle essentiel. On peut se demander, vu l'importance de ces deux derniers facteurs, si le critère fondamental n'est pas fourni par la modernité, dont la variable 'catégorie socio-professionnelle' ne serait qu'un indice secondaire, dans la mesure où les vagues successives de la modernité pénètrent plus ou moins rapidement les différents milieux sociaux.

Texte 3.4.1
Rochefort, Robert, 'L'un est équipé . . . l'autre pas. L'inégale diffusion des produits nouveaux dans l'équipement des ménages', *Consommation et modes de vie*, no 70, 23 septembre 1992, CREDOC

Un certain nombre de biens électro-ménagers* sont maintenant devenus très courants, voire indispensables à la vie des foyers. Ainsi, tout le monde, ou presque, est équipé d'un réfrigérateur (99%) ou d'une télévision couleur (92%). Sans qu'il s'agisse d'un bien d'équipement mais plutôt de l'accès à un service, 95% des foyers sont aujourd'hui raccordés au téléphone. Pour d'autres biens, sans que tout le monde en soit doté*, la proportion de ménages qui en possèdent 'plafonne'*, semblant indiquer que ceux qui n'en sont pas pourvus vivent de telle sorte qu'ils n'en ont pas un besoin personnel: lave-linge (84%), aspirateur (82%), cuisinière (73%). Les ménages ne se différencient plus aujourd'hui sur la possession ou non de l'un de ces outils de la vie domestique.

Cela n'est pas le cas, en revanche, pour des produits beaucoup plus 'récents' et dont nous nous équipons progressivement. Certes, aujourd'hui comme il y a vingt ans, ce sont toujours les ménages aisés qui s'équipent avant les autres. Mais le revenu n'explique pas tout: présent aussi souvent chez les cadres que chez les ouvriers, le magnétoscope* sera probablement un bien généralisé avant l'an 2000, tandis que le lave-vaisselle connaît une progression assez lente. C'est le signe que d'autres critères s'avèrent déterminants et expliquent que les produits nouveaux ne se diffusent pas tous à la même vitesse. Par exemple, le niveau d'études et l'activité professionnelle jouent un rôle important dans l'équipement en minitel* et en micro-ordinateur domestique. Lorsque, pour s'en servir, l'apprentissage de techniques spécifiques est nécessaire, c'est l'âge qui peut s'avérer déterminant (pour le magnétoscope, par exemple).

Engouement pour le magnétoscope, prudence pour le lave-vaisselle

Aujourd'hui, un ménage sur deux est équipé d'un magnétoscope. Sa diffusion est très rapide puisqu'il y a deux ans, seulement un ménage sur trois en possédait. Bien que mis sur le marché quelques années auparavant, le lave-vaisselle semble, en comparaison, connaître une diffusion plus modeste (+2% par an). 'Seulement' 39% des foyers en sont équipés et il s'est fait 'doubler' par le magnétoscope en 1990. Signe tangible de la tendance inéluctable à la généralisation du magnétoscope, il est de tous les biens étudiés ici celui dont les caractéristiques socio-démographiques des ménages qui en possèdent sont les moins marquées. Cadres et ouvriers en sont équipés aux mêmes taux (66%) (figure 9). Son succès tient à la continuité qu'il forme avec la télévision en augmentant ses possibilités d'utilisation. Cela n'est pas du tout le cas en ce qui concerne le lave-vaisselle: 58% des cadres en ont l'usage, contre seulement 30% des ouvriers, soit deux fois moins souvent.

Seul, l'âge demeure un frein à une diffusion du magnétoscope. La complexité relative de son utilisation et la miniaturisation de ses commandes expliquent pour une large part le sous-équipement observé après 60 ans. A l'inverse, la présence des enfants dans un foyer et leur départ plus tardif du domicile parental, une fois atteint l'âge adulte, est un facteur qui incite les ménages à s'équiper. Il n'est pas rare que dans un foyer, seuls les enfants

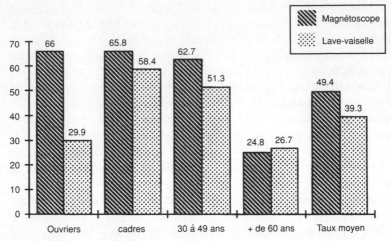

Figure 9: Différences dans la diffusion du lave-vaisselle et du magnétoscope (en %)
Source: Adapté de CREDOC, fin 1991

sachent 'programmer' les enregistrements. Le vieillissement des générations tendra à réduire l'importance de ce fort effet d'âge. Bien différente est la situation du lave-vaisselle. C'est un produit qui se substitue à l'effort de la vaisselle lavée à la main, qui fait gagner du temps – 51% des ménages bi-actifs en sont équipés – mais qui n'offre pas de fonction nouvelle. Il existe de fortes réticences, dans certains groupes sociaux, à se faire convaincre de son absolue nécessité.

Par ailleurs, certaines formes de spécialisation traditionnelle des tâches entre les hommes et les femmes à l'intérieur des couples sont susceptibles d'être remises en cause par l'arrivée du lave-vaisselle. Dans certaines catégories d'actifs, ces réticences sont plus fortes que l'incitation résultant de la montée du travail des femmes. C'est ainsi que 29% des ménages ouvriers en sont équipés, soit un niveau très proche de celui des plus de 60 ans (26,7%), retraités pour la plupart.

D'une façon générale, les personnes seules sont peu équipées de lave-vaisselle (25,2%) parce qu'elles en ressentent peu la nécessité.

Nouvelle donne dans la cuisine

Le four à micro-ondes se diffuse rapidement, 35% des ménages en sont équipés: il ne s'agit pas pour autant d'un bien totalement banalisé*. Il existe de fortes disparités sociales qui toutefois sont de moindre importance que celles observées pour le lave-vaisselle *(figure 10)*. En fait, les critères les plus importants – au-delà du seul revenu – qui favorisent l'acquisition d'un micro-ondes sont le fait que le ménage est composé de deux personnes actives et qu'il est plutôt de taille élevée (quatre personnes par exemple). Le micro-ondes entre comme une composante essentielle d'une stratégie active de gestion d'une famille. Celle-ci doit en effet tenir compte de deux évolutions majeures: la montée de l'activité professionnelle des femmes qui laisse moins de temps à la réalisation des tâches domestiques et la croissance du nombre de repas 'déstructurés', chaque membre de la famille, en fonction de ses horaires et de ses goûts, se composant un menu spécifique. Le micro-ondes répond parfaitement à ces changements. Il participe ainsi au 'renouveau' de la cuisine comme une 'pièce à vivre' entièrement fonctionnelle, dans laquelle on prépare plus vite les repas courants et dans laquelle on les consomme directement.

Les critères qui font opter pour l'acquisition de plaques de cuisson vitro-céramiques* ne sont pas identiques. Objet 'très nouveau' – seulement 3,3% des ménages en sont aujourd'hui équipés – il incarne une 'modernité' extrême et le revenu joue ici un rôle primordial *(figure 11)*. Le logement entre aussi en ligne de compte. Le possesseur de plaques vitro-céramiques est souvent un accédant à la propriété* d'un logement neuf ou très récent. Celles-ci sont

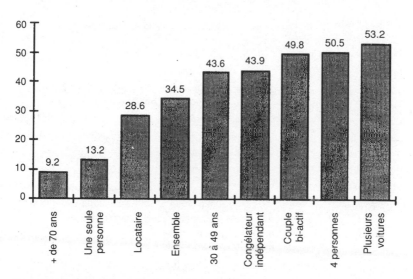

Figure 10: Four à micro-ondes: les groupes les plus équipés et ceux qui le sont le moins (en %)
Source: Adapté de CREDOC, fin 1991

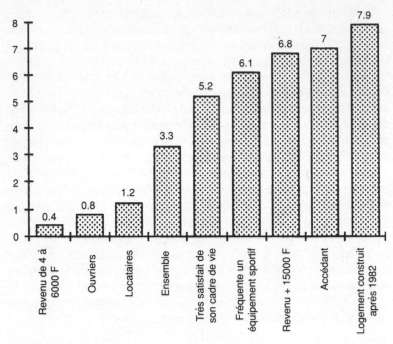

Figure 11: Plaques de cuisson vitro-céramiques: les groupes les plus équipés et ceux qui le sont le moins (en %)
Source: adapté de CREDOC, fin 1991

montées dans une cuisine neuve, beaucoup moins souvent en substitution de plaques de cuisson traditionnelles dans une cuisine déjà installée. Cet équipement est aujourd'hui le privilège de catégories aisées qui ont un 'style de vie' très typé*: ils fréquentent régulièrement un équipement sportif, ils sont satisfaits de leur cadre de vie, ils apprécient le côté 'high tech' et l'esthétique attirante de ces nouvelles plaques de cuisson.

Les outils de travail entrent dans la maison

L'ordinateur est un bien domestique particulier: son utilisation a évolué très vite. La fonction 'jeux' a été supplantée par les consoles vidéo spécialisées. Quant à la gestion domestique (agenda, carnet d'adresses, factures, compte bancaire), elle a du mal à justifier l'investissement financier et l'apprentissage que son utilisation peut nécessiter. Cela explique que le taux d'équipement ait plafonné autour de 9% à la fin des années 80.

Il est désormais de 12%, car, outre l'évolution du matériel et des logiciels*, le micro-ordinateur domestique bénéficie de la familiarisation avec les techniques informatiques réalisée dans le cadre professionnel et de la tendance, pour certaines catégories intellectuelles et d'encadrement, à l'interpénétration accrue des univers professionnel et privé.

C'est ainsi que, plus que pour tous les autres biens analysés dans ce document, la possession d'un ordinateur domestique est fortement liée, certes au revenu, mais aussi au niveau de diplôme *(figure 12)*. Les titulaires du bac en détiennent à 22% et les bénéficiaires d'un revenu au moins égal à 15 000 F à 24%. La variation du taux en fonction des différentes situations et catégories professionnelles oppose, pour les actifs, les cadres et professions libérales aux exploitants agricoles (de 31 à 7% de ménages équipés) et les étudiants aux retraités pour les autres situations (de 26 à 3%). On peut s'interroger plus fondamentalement sur le point de savoir si l'entrée de l'informatique dans les ménages est susceptible d'entraîner des bouleversements aussi importants que ceux que l'on connaît dans la sphère professionnelle. Si cela devait être le cas, les modes de vie privée pourraient s'en trouver modifiés, au moins autant que par l'invention de la télévision. Si cela ne s'observe pas, le potentiel considérable des micro-ordinateurs risque de demeurer peu utilisé et par là même d'avoir du mal à se diffuser.

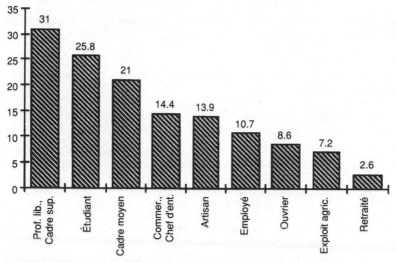

Figure 12: Ordinateur domestique: taux d'équipement des ménages (en %)
Source: CREDOC, fin 1991
La diffusion du micro-ordinateur domestique reste très cantonnée aux catégories qui ont l'habitude de l'utiliser dans le cadre professionnel ou universitaire.

En quatre ans, la diffusion du minitel a progressé de 10%, permettant ainsi à ce terminal de communication – 'spécificité française' – d'entrer enfin dans un peu plus d'un ménage sur quatre (26%). De tous les équipements étudiés ici, le minitel est celui pour lequel l'importance des facteurs éducatifs, comparés aux ressources financières, est la plus grande: 43% des personnes ayant le bac en sont dotées et ce taux atteint 53% pour les titulaires d'un diplôme d'université ou de grande école. De plus, le 'frein' que constitue l'achat des équipements ne joue pas ici; les surcoûts d'abonnement sont soit faibles, soit inexistants. Il existe toutefois dans certains ménages une crainte que le minitel n'entraîne une flambée de leur consommation* et qu'en conséquence, il soit plus raisonnable de ne pas s'équiper.

On constate que la progression des installations téléphoniques domestiques disposant de plusieurs postes est assez comparable à celle du minitel. En effet, bien que cela ne résulte pas d'une nécessité technique, ces deux caractéristiques sont assez corrélées: 57% des possesseurs d'une installation avec plusieurs postes sont également équipés d'un minitel. Il existe en fait une appétence* plus ou moins grande à l'égard des progrès, en termes de fonctionnalité et de confort, dans l'utilisation des télécommunications. Cette recherche de la modernité peut aussi refléter un univers personnel où la communication et l'ouverture sur le monde ont une place importante. Ainsi, les ménages équipés d'un minitel et de plusieurs postes de téléphone sont, plus souvent que la moyenne des Français, de fréquents voyageurs pour des destinations intermédiaires et lointaines.

Les effets de revenu et de diplôme sont à la fois complémentaires et concurrents

Le dernier graphique *(figure 13)* synthétise les importances relatives des effets de revenu et de niveau d'éducation pour l'équipement dans les différents biens étudiés ici.

L'axe horizontal représente le 'sur-équipement' des ménages dont la personne enquêtée a déclaré avoir fait des études supérieures (par rapport à l'ensemble des ménages français).

L'axe vertical reprend de la même manière le 'sur-équipement' des ménages disposant d'un revenu supérieur à 15 000 F par mois (par rapport à l'ensemble des ménages français).

Plus le point représentant l'un des biens considérés se situe à droite, plus l'effet 'études supérieures' est important. Plus il se situe en haut, plus l'effet 'revenu' est important. Bien entendu, ces effets sont corrélés, ce qui explique que les points tendent à se situer approximativement autour de la bissectrice

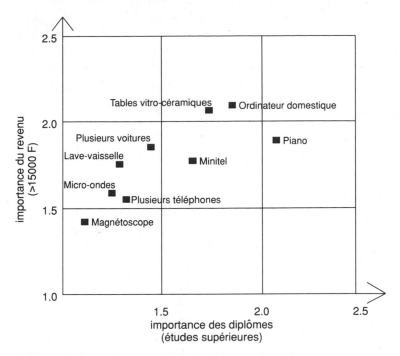

Figure 13: Effets de revenu et de diplôme
Source: CREDOC, fin 1991

du graphique. On vérifie que le magnétoscope est le moins concerné par ces effets, car il est en bas à gauche. Le minitel et la disposition de plusieurs téléphones sont, dans l'ensemble de ces biens, ceux pour lesquels l'effet du niveau d'études est le plus marqué. Les plaques vitro-céramiques et l'ordinateur domestique font très fortement intervenir le critère de revenu. Le piano est un 'intrus' placé volontairement sur ce graphique. C'est un bien peu diffusé (9,5% des ménages français en sont équipés), de technologie mécanique traditionnelle (ses adeptes demeurent très réticents à l'égard de sa version moderne totalement électronique). Il n'y a pas de mode, ni de publicité pour en accroître le marché. On voit ainsi que, malgré son coût très élevé, sa position très à droite sur le graphique témoigne de l'importance première des facteurs éducatifs dans sa diffusion. Le piano est l'un des biens qui incarne le plus une notion d'héritage social. Au contraire, certains biens électroniques très nouveaux, parce qu'ils surgissent brusquement, sans 'passé', sont susceptibles d'être moins connotés culturellement. Malheureuse-ment, leur prix élevé est un frein à leur acquisition pour l'ensemble des groupes sociaux. Si les structures éducatives (écoles, clubs de loisirs municipaux, services sociaux, associations familiales) disposaient de moyens suffisants – et d'éducateurs eux-mêmes formés – l'initiation et le perfectionnement à l'usage de micro-ordinateurs pour tous les enfants pourraient être un puissant levier de réactivation d'une véritable égalité des chances et d'élévation du niveau de qualification.

Lexique

les biens électro-ménagers: *(m)* les appareils électriques que l'on trouve dans les maisons: télévision, réfrigérateur, cuisinière, etc.

être doté de quelque chose: être équipé de cette chose, la posséder

plafonner: atteindre un maximum (le plafond)

le magnétoscope: appareil qui permet de visionner et d'enregistrer des cassettes vidéo.

le minitel: petit terminal informatique branché sur une ligne téléphonique et permettant d'avoir accès à des services, en particulier l'annuaire électronique et les réservations de billets de train et d'avion

banalisé: devenu courant, ordinaire

une plaque de cuisson vitro-céramique: dessus de cuisinière électrique où les plaques métalliques sont remplacées par une surface lisse en céramique de verre

un accédant à la propriété: quelqu'un qui est en train d'acheter son logement à l'aide d'un prêt d'une banque ou d'un autre organisme financier

typé: très spécifique, très clairement défini

logiciel: *(m)* programme utilisé sur un ordinateur

leur consommation: *(f)* ici il s'agit de la consommation téléphonique, car le minitel utilise les lignes téléphoniques et le coût des services minitel est porté sur la facture de téléphone

appétence: *(f)* appétit, envie

un intrus: une personne (ou une chose) qui est dans un endroit où elle ne devrait pas être

les foyers: *(m)* les ménages, les familles

Compréhension

1. Peut-on parler de moyennisation à propos des biens d'équipement des ménages?

2. Les différences de revenu permettent-elles de toujours expliquer les différences en matière de consommation? Quels autres facteurs peuvent intervenir?

3. Les jeunes forment-ils un groupe à part en termes de consommation? Et les retraités?

4. Qu'est-ce qui fait la particularité de l'ordinateur en tant que bien domestique?

5. En quoi le minitel est-il un équipement particulier?

3.5 Les inégalités de revenus et de patrimoine

Nous avons déjà remarqué qu'on a tendance à interpréter 'l'égalité' comme 'égalité des chances'. En effet, il est difficile d'imaginer une société dans laquelle revenus, patrimoine et prestige soient également répartis entre tous les groupes sociaux, et on admet assez volontiers le principe que certains emplois, à cause de la formation exigée, ou de la lourdeur des responsabilités qu'ils entraînent, méritent un salaire plus élevé que d'autres.

On admet moins facilement cependant des écarts de **revenus** considérés comme criants. Toutefois, toute une série de difficultés se présentent dès qu'on essaie de mesurer l'ampleur de ces écarts, et à quel point ils sont justifiés.

En premier lieu, il ne suffit pas de comparer les chiffres qui figurent au bas des fiches de paye, qui ne concernent que les salariés et laissent de côté les indépendants, dont il n'est pas toujours facile d'établir le revenu réel. Même pour les salariés, pour comparer ce qui est comparable, il faut ajouter au montant brut du salaire les prestations sociales diverses, et en soustraire les impôts et les cotisations obligatoires. Il faut aussi prendre en compte les revenus de la propriété, composés des revenus en nature occasionnés, par exemple, par la propriété d'un logement occupé par le ménage (qu'on peut déterminer selon le montant des loyers fictifs que percevraient les propriétaires s'ils louaient leur logement).

Ces calculs faits, on peut toujours disputer s'il convient de faire des comparaisons basées sur le revenu de l'individu, sur le revenu principal d'un ménage, ou sur les revenus du ménage entier.

Des calculs faits par l'INSEE sur le revenu moyen au sein de chaque C.S.P., il ressort que le rapport entre le revenu initial des catégories les plus favorisées et celui des catégories les moins favorisées se situe autour de 3:1. Cet écart tombe à 2,2:1 lorsque les prestations sociales et les prélèvements

Tableau 18: Du revenu initial au revenu disponible (en indice sur 100)

	Revenu initial	Prestations sociales	Taux de pression fiscale[a]	Revenu disponible après impôts
Agriculteurs exploitants	149	87	6,4	142
Patrons de l'industrie et du commerce	207	67	13,5	173
Cadres	178	105	11,6	160
Professions intermédiaires	111	107	8,4	110
Employés	74	95	6,6	79
Ouvriers	71	137	4,4	85
Inactifs	77	85	7,1	79

[a]Impôt total divisé par le revenu disponible après impôt, en %.
Source: *INSEE, La Société française. Données sociales 1993, Paris, 1993 [adaptation: les rédacteurs]*

obligatoires sont pris en compte, résultat qui semble porter son appui à la thèse que les catégories sociales ont tendance à se fondre dans une vaste classe moyenne *(tableau 18)*.

Ce qui ne prouve pas pour autant que la société française devient plus égalitaire. D'une part, ce calcul occulte des écarts considérables au sein de chaque C.S.P.. Il y a, par exemple, une différence significative entre la moyenne des revenus des cadres du secteur public et de ceux du secteur privé, sensiblement plus élevés, et, à l'autre bout de l'échelle, un éventail assez large dans la grille des salaires ouvriers. Nul doute qu'il reste un abîme entre le revenu d'un cadre du privé et celui d'un manoeuvre.

D'autre part, le **patrimoine** des Français est beaucoup moins également réparti que les revenus, avec un écart entre les deux bouts de l'échelle, toujours calculé par moyenne au sein de chaque C.S.P., qui dépasse 8 à 1.

Là encore, il y a des possibilités de débat: le patrimoine total comprend, entre autre, l'équipement du travailleur indépendant, ou les terres et le cheptel de l'agriculteur exploitant – tous biens qui ne sont transformables en revenu qu'au prix de l'abandon de l'activité professionnelle. Cependant, le patrimoine de rapport, qui regroupe le montant de l'épargne et des actions détenues, non seulement montre un écart global de 1 à 13, mais laisse entrevoir aussi des différences marquées, selon la catégorie socio-professionnelle, dans le type d'investissement préféré par chaque groupe social *(tableau 19)*. Entre les groupes qui possèdent les plus gros patrimoines, les indépendants non agricoles et les professions libérales ont une préférence pour la pierre, et les cadres supérieurs pour les actions; les détenteurs de patrimoines les plus modestes, employés et ouvriers, placent

Tableau 19: Le patrimoine de rapport des ménages en 1988 (Structure en %)

	Montant moyen (milliers de francs)	Epargne (livrets, épargne-logement)	Patrimoine mobilier	Patrimoine immobilier	Total
Anciens indépendants non-agricoles	1 470	14	33	53	100
Professions libérales	1 250	14	42	44	100
Industriels, artisans, commerçants	1 050	11	49	40	100
Cadres supérieurs	760	18	54	28	100
Agriculteurs	590	24	23	53	100
Anciens agriculteurs	570	27	19	54	100
Anciens salariés	530	30	38	32	100
Professions intermédiaires	290	32	37	31	100
Employés	150	36	29	35	100
Ouvriers	110	42	33	25	100

Source: INSEE, La Société française. Données sociales 1993, Paris, 1993 [adaptation: les rédacteurs]

leur foi et leurs épargnes plutôt dans le livret d'épargne et le placement bancaire.

Aux difficultés de calcul, enfin, il convient d'ajouter l'observation que l'écart considéré comme acceptable relève plus du jugement personnel que d'un quelconque critère objectif. La somme de ces jugements forme l'opinion publique qui, à son tour, agit sur la politique dans la détermination de la grille des salaires et dans la politique de solidarité, que nous étudions de plus près dans le prochain chapitre.

Nous avons donc choisi un texte qui considère la situation des inégalités dans la France d'aujourd'hui dans ce contexte des tendances de l'opinion publique et de la politique. Il en ressort qu'il y a eu, dans les années récentes, un renversement de la tendance vers l'égalité, accompagné cependant d'une prise de conscience des risques qu'entraîne ce renversement pour la cohésion sociale.

Texte 3.5.1
Fourel, Christophe, 'Les inégalités se portent bien', *L'État de la France 93–94*, La Découverte, Paris, 1993, pp. 132–8

Nouvelles pauvretés et succès du Téléthon*, Revenu minimum d'insertion* et Impôt de solidarité sur la fortune*, *golden boys** et 'restos du coeur'* . . . Tels sont quelques-uns des événements qui auront rythmé la vie sociale de la dernière décennie. Autant de signes qui témoignent des profonds changements que la société française a connus depuis dix ans. La crise économique a remodelé le paysage économique et social du pays. Qui sont les perdants et les gagnants des années 80? Comment les opinions des Français ont-elles évolué face à ces bouleversements?

S'il est loin d'être le seul, le revenu reste, dans une société de plus en plus 'marchandisée'*, un indicateur synthétique utile pour apprécier les disparités sociales.

Selon le CERC*, entre 1968 et 1983, l'éventail* des revenus en France n'a cessé de se réduire. Il y a eu plusieurs raisons à cela, et d'abord la salarisation* croissante de la société: en vingt ans (de 1960 à 1980), le poids des revenus d'origine salariale dans le revenu primaire (revenu brut* du travail et revenu du capital) a augmenté de 12%, pour atteindre 73% en 1980. De plus, jusqu'à la fin des années 70, les bas salaires ont été revalorisés avec la refonte du SMIC (salaire minimum interprofessionnel de croissance) et l'augmentation du minimum vieillesse. Enfin, l'inflation à deux chiffres, caractéristique de cette période, avait tendance à éroder les revenus de la propriété. Bref, la traditionnelle lutte entre le capital et le travail pour le partage du revenu se soldait*, jusqu'au début des années 80, par un avantage pour ce dernier, et la politique économique menée à la fin des années 70 (gouvernements Barre*) tendait à remettre en cause cette répartition qui avait pourtant fait le succès des 'trente glorieuses'*.

Revenus, patrimoines, éducation . . . des hiérarchisations accrues

Après un bref intermède consécutif à l'arrivée de la gauche au pouvoir, le gouvernement Mauroy*, estimant nécessaire de redresser la situation des entreprises pour améliorer leur compétitivité, changea sa politique en 1983. Ce fut la politique de 'rigueur' avec l'arrêt brutal de la progression des bas salaires, la hausse des prélèvements obligatoires et, surtout, des cotisations sociales proportionnellement plus fortes pour les bas salaires. Cette politique, dont la désindexation* des salaires par rapport aux prix était un des objectifs affichés*, a porté ses fruits. Elle a permis à la fois de contenir l'évolution de la masse salariale, de modifier la grille des classifications professionnelles (jugée trop rigide), et surtout d'introduire plus de flexibilité et d'individualisation dans la rémunération des salariés.

A partir de 1984, l'éventail des salaires s'est à nouveau ouvert: l'écart entre les 10% des salariés les mieux payés et les 10% les moins bien lotis, qui était passé de 3,34 à 2,91 entre 1977 et 1984, était remonté à 3,2 en 1991 *(tableau 20)*. Les cadres, notamment supérieurs, ont été moins affectés par la rigueur que les autres catégories de salariés. En fait, de nouveaux clivages sont apparus en leur sein: l'éventail des salaires n'a cessé de s'ouvrir, traduisant une individualisation accrue des hausses de salaires.

Tableau 20: Distribution des salaires mensuels nets (1991, en francs courants)

Déciles	Secteur privé et semi-public	Agents civils de l'État
D1	5 067	6 408
D2	5 800	7 403
D3	6 467	8 281
D4	7 083	9 105
D5	7 750	9 875
D6	8 567	10 637
D7	9 608	11 490
D8	11 392	12 751
D9	15 192	15 414
Rapport D9/D1	3,00	2,41
Salaire médian	7 750	9 875

Lire ainsi pour D1: en 1991, 10% des salariés du secteur privé et semi-public gagnaient moins de 5 067 FF.
Source: INSEE

Tableau 21: Salaires moyens masculins et féminins par C.S.P. (Rapport salaire moyen masculin/salaire moyen féminin)

	1970	1980	1991
Cadres supérieurs	1,55	1,49	1,42
Agents de maîtrise et techniciens	1,39	1,27	1,18
Employés	1,29	1,25	1,13
Ouvriers	1,48	1,35	1,26

Source: INSEE et Ministère du Travail

Par ailleurs, les inégalités de salaire entre les sexes, qui restent importantes, ont tendu à se réduire. De 1984 à 1991, l'écart entre le salaire médian* des hommes (secteur privé et semi-public) et celui des femmes est passé de 1 340 FF à 215 FF. Mais les inégalités entre les sexes ne cessent de s'accroître face au chômage: en décembre 1991, le taux de chômage était de 12,8% pour les femmes contre 7,5% pour les hommes.

Les disparités sociales entre les différentes catégories de la population sont cependant loin de se limiter aux seules variables dites 'monétaires'. Au-delà du revenu, le patrimoine, le logement, l'éducation, l'environnement et l'emploi sont autant de critères sociaux qui tendent à hiérarchiser la société. Ainsi, parce qu'il reflète l'apport des héritages en provenance des ascendants, le patrimoine est plus inégalement réparti et plus concentré que les revenus. Selon l'INSEE, en 1989, les 10% des ménages français les moins pourvus possédaient en moyenne chacun pour moins de 12 200 FF de biens divers contre 1 055 000 FF pour les 10% les mieux dotés, soit un rapport de 1 à

86! En comparaison, en matière de revenus, le rapport pour les mêmes catégories n'était que de 1 à 6.

Deux autres formes d'inégalités non directement liées au revenu se sont accentuées dans la décennie quatre-vingt: l'inégalité des chances dans le domaine de l'éducation et l'inégalité face au chômage. Malgré des efforts non négligeables déployés par l'État dans le domaine éducatif, la réussite scolaire d'un enfant dépend encore largement de son origine sociale. Ainsi, 93% des enfants de cadres supérieurs entrent en sixième* sans avoir connu de redoublement*. Ce n'est le cas que de 51% des enfants d'ouvriers spécialisés et seulement de 36% des enfants de manoeuvres. Même si les moyens financiers des parents conditionnent pour beaucoup la réussite scolaire et surtout la poursuite des études de leurs enfants, c'est incontestablement la plus grande affinité existant entre les habitudes culturelles des classes aisées et les critères et exigences du système d'enseignement qui favorise la réussite des enfants de ces classes sociales. Le système éducatif de masse tel qu'il fonctionne aujourd'hui tend encore à reproduire les inégalités plus qu'il ne les corrige ou ne favorise la mobilité sociale.

Le chômage, principale machine inégalitaire

C'est cependant le chômage qui engendre aujourd'hui le plus d'inégalités. Son niveau, à partir d'un certain seuil, mesure le 'gaspillage' global de ressources humaines. Il est synonyme de diminution voire d'absence de ressources monétaires, première marche pour certains vers l'exclusion et la pauvreté, mais il est loin d'être vécu d'une manière identique d'une catégorie sociale à l'autre. Certains ne le connaissent pas ou seulement épisodiquement, alors que d'autres le vivent de façon durable. Sur les 19 000 personnes qui s'inscrivent chaque jour ouvrable à l'ANPE*, environ un tiers la quitte dans les trois mois, 20% sont encore inscrits un an après, et 6% deux ans après. Le chômage de longue durée qui touche majoritairement les moins diplômés et les plus âgés des chômeurs est devenu, en France comme dans la plupart des pays européens, le casse-tête* des politiques de l'emploi.

La catégorie ouvrière est sans conteste la plus touchée par ce fléau et cela renforce particulièrement la vulnérabilité de la population immigrée puisqu'un chef de ménage immigré sur deux appartient à cette catégorie, selon l'INSEE. Même si leurs conditions de vie se sont globalement améliorées ces dix dernières années du fait notamment de l'accès des étrangers à de nouvelles professions et d'une plus grande proportion de femmes dans la vie active (62,6% en 1989 contre 53,5% en 1979), la structure démographique de la population immigrée est un autre facteur expliquant qu'elle soit plus concernée par le chômage: 18% de retraités (contre 28,6% en moyenne nationale) et seulement 3% de jeunes scolarisés (contre près de 25% pour l'ensemble de la France, chiffres 1990).

Le chômage est également une source d'inégalité entre les générations et les classes d'âge, puisque dans l'ensemble la situation des jeunes s'est dégradée. La jeune génération connaît des conditions d'insertion professionnelle plus difficile que la précédente en termes d'emploi et de salaires. Les adultes déjà bien insérés professionnellement sont ceux qui résistent le mieux à la crise. Globalement, ce sont les groupes d'âge au-delà de 40 ans qui voient s'améliorer leur position relative.

On le voit, les causes d'inégalité sont nombreuses, elles ont généralement tendance à se cumuler selon les catégories de population.

Qui sont donc ceux qui ont tiré leur épingle du jeu*? Qui sont, au contraire, ceux dont le sort a été moins favorable dans cette décennie qui a pourtant correspondu à une légère amélioration des conditions de vie moyennes des Français? Une étude du CREDOC* s'est efforcée de répondre à ces questions à l'aide d'un indicateur composite prenant en compte de nombreuses variables (revenu, patrimoine, logement, diplôme, santé, chômage . . .).

Les gagnants? Globalement, en termes de catégories, ce sont les personnes âgées. Dans ce sens, le 'printemps du troisième âge' n'est pas une vue de l'esprit*. Deux raisons majeures expliquent que, contrairement aux actifs, les personnes âgées ont en moyenne bénéficié d'une progression de leurs ressources: la revalorisation des retraites, plus rapide que les aides à la famille, et une proportion croissante de personnes âgées bénéficiant de régimes de retraite complets et généralisés à l'ensemble des professions. En 1979–80, les retraités représentaient 54% des ménages situés au bas de l'échelle. Dix ans plus tard, ce taux n'était plus que de 42%. Mais au sein même de ce groupe social, les situations sont disparates. Ceux qui ont vu leur situation s'améliorer le plus sensiblement sont en fait les retraités récents, vivant en couple: leur part dans les ménages défavorisés est passée entre 1979 et 1988 de 22% à 7%, et de 15% à 24% dans la catégorie des ménages privilégiés. A l'inverse, les femmes âgées isolées ont vu leur proportion passer durant la même période de 25% à 30% des ménages défavorisés.

Des inégalités largement cumulatives

Les perdants de la dernière décennie sont évidemment les chômeurs. Leur pourcentage au sein des classes défavorisées n'a cessé de croître pour atteindre 33% en 1988, notamment par une importante augmentation du nombre d'ouvriers non qualifiés au chômage.

L'indicateur élaboré par le CREDOC permet aussi de mesurer des évolutions significatives sur l'échelle sociale. En dix ans, les inégalités (au sens large) se sont accrues entre les groupes extrêmes. Les plus défavorisés apparaissent un peu moins nombreux en 1988 qu'en 1979, mais leur situation s'est encore détériorée. A l'opposé, la situation des plus riches s'est confortée*. Bref, les 'riches' sont aujourd'hui plus riches, et les 'pauvres' plus pauvres. L'écart entre ces groupes sociaux, qui avait tendance à diminuer entre 1979 et 1982, s'est à nouveau fortement accentué à partir de 1983, tandis que la situation du restant de la population est demeurée plutôt stable. Ces mouvements globaux sur l'échelle sociale renforce bien l'idée selon laquelle les inégalités sont largement cumulatives.

Comment l'opinion publique a-t-elle réagi face à de telles évolutions? L'étude citée du CREDOC montre que la hiérarchie des salaires est perçue de façon différente selon la condition sociale des individus. Ainsi, en 1988, les Français ayant répondu à l'enquête attribuaient en moyenne 4 450 FF par mois à un manoeuvre et 43 000 à un PDG* de grande société, soit un écart de 1 à 9,6. Pour le groupe des 'défavorisés' (définis dans l'enquête selon des critères de revenu, de patrimoine, de diplôme, de logement . . .), l'écart était de 1 à 8,5. Pour le groupe des 'privilégiés', il passait de 1 à 11,4. Bref, plus on se situe au bas de l'échelle sociale, plus on a une vision égalitaire de la société dans laquelle on vit. Cependant, la conscience de l'existence de difficultés au bas de l'échelle a progressé dans les esprits, notamment chez les privilégiés qui sont de plus en plus nombreux à se dire prêts à accepter des sacrifices. 52% d'entre eux pensaient – toujours en 1988 – que les indemnités chômage devraient être modulées selon les ressources globales du foyer et près de 75% considéraient que les prestations familiales devraient être diminuées progressivement quand le salaire augmente ou supprimées à partir d'un certain niveau de salaire.

Modifications de l'opinion et des discours

Pourtant, cet élan de solidarité des Français (dans leurs discours) cache des opinions à l'égard des rémunérations qui peuvent apparaître contradictoires. Ainsi, si 52% des Français jugeaient trop élevée la rémunération des PDG en 1978, ils n'étaient plus que 40% à avoir cette opinion en 1988. Le même mouvement d'opinion se confirme à l'égard de la rémunération des ingénieurs ou des médecins et, dans une moindre mesure, à l'égard de celle des préfets*. Bref, l'égalitarisme qui prévalait dans les années 70 n'est plus en vogue. Et cela est vrai à la fois dans l'opinion publique et dans la littérature qui alimente la réflexion dans ce domaine. Une réflexion qui s'est centrée sur la question: 'Comment concilier réduction des inégalités et efficacité économique?'

John Rawls, un philosophe libéral* américain devenu à la mode en France à la fin des années 80, soutient que les inégalités ne sont 'légitimes qu'à partir du moment où elles contribuent à rendre aussi favorable que possible la situation du plus mal loti des citoyens' et que l'inégalité est acceptable dès lors qu'elle fonctionne à l'avantage de tous, que les avantages de certains aboutissent à l'amélioration de la situation des autres. Ainsi énoncé, ce principe donne un cadre théorique à une politique qui permettrait de concilier une réduction des inégalités et une meilleure efficacité de la société dans son ensemble. Mais, concrètement, seuls certains domaines semblent pouvoir permettre sa mise en pratique. L'éducation, par exemple, où la lutte contre l'échec scolaire contribue à accroître l'efficacité de la société dans son ensemble.

De son côté, Alain Minc, dans un livre à succès, *La Machine égalitaire*, affirme notamment que seule l'introduction de la mobilité crée à la fois de l'efficacité et de l'égalité. C'est ce qu'il appelle 'le paradoxe égalitaire'. On peut constater en effet qu'aujourd'hui les privilèges (en termes de carrière ou de sécurité d'emploi) ne favorisent pas forcément la performance et peuvent faire que les ajustements économiques sont supportés par ceux qui n'en bénéficient pas. Chômage et boulots* précaires sont le lot quotidien des catégories dont le capital économique et culturel est le plus faible.

En tout état de cause, l'opinion publique et la réflexion dans le domaine des inégalités semblent avoir, au moins pour une part, évolué de façon cohérente avec la réalité des faits. Les inégalités, si elles restent une menace pour la cohésion sociale, sont aujourd'hui mieux reconnues, au moins dans les discours publics. L'égalitarisme n'a plus cours et semble avoir été remplacé par la mise en exergue* du strict principe de 'l'égalité des chances'. Cette ambition peut donner encore à réfléchir . . .

Lexique

Téléthon: *(m)* événement télévisuel visant à récolter de l'argent pour financer la recherche sur les maladies génétiques

Revenu minimum d'insertion: *(m)* prestation à laquelle ont droit sous certaines conditions les chômeurs de longue durée, introduite en 1988 *(voir texte 4.2.1)*

Impôt de solidarité sur la fortune: *(m)* impôt sur les grandes fortunes, dont le motif est de fournir des fonds à la Sécurité sociale *golden boys:* jeunes entrepreneurs ayant un haut profil public

restos du coeur: *(m)* association caritative servant des repas aux pauvres

marchandisée: gouvernée par les valeurs marchandes, du marché

CERC: Centre d'études sur les revenus et les coûts

éventail: *(m)* écart entre les extrêmes

salarisation: *(f)* tendance pour une plus grande proportion de la population à être salariée

revenu brut: *(m)* revenu avant soustraction (p. ex. des impôts et cotisations obligatoires)

se soldait: (se solder) se traduisait finalement

Barre (Raymond): premier ministre et ministre des finances de 1976 à 1981

'trente glorieuses': *voir lexique 3.2.2*

Mauroy (Pierre): premier ministre socialiste de 1981 à 1984

désindexation: *(f)* arrêt du système selon lequel les salaires augmentent automatiquement en fonction de la hausse du coût de la vie ('indexation')

affichés: publiquement annoncés

médian: situé au milieu de l'échelle, divisant le groupe en deux parties égales (ne pas confondre avec la moyenne, obtenue en divisant la masse salariale par le nombre de salariés)

sixième: *(f)* première classe de l'enseignement secondaire

redoublement: *(m)* répétition d'une année scolaire, faute d'avoir atteint le niveau exigé pour passer dans la classe suivante

ANPE: Agence nationale pour l'emploi, qui aide les chômeurs à retrouver un emploi

casse-tête: *(m)* puzzle, problème qu'on ne sait pas résoudre

tiré leur épingle du jeu: *(loc. fig.)* ont réussi à se dégager d'une situation délicate

CREDOC: Centre de recherche pour l'étude et l'observation des conditions de vie (organisme rattaché au Commissariat du Plan)

vue de l'esprit: *(f)* invention, quelque chose qu'on imagine

s'est confortée: (se conforter) s'est confirmée, voire accentuée

PDG: Président–Directeur général

préfet: *(m)* haut fonctionnaire chargé de la représentation du pouvoir central au niveau du département

libéral: dans un contexte politique ou économique, être 'libéral' en France contemporaine signifie être favorable à l'économie de marché avec un strict minimum d'intervention de la part de l'État – bref, être de droite plutôt que de gauche

boulots: *(m) (fam.)* emplois
mise en exergue: *(f)* (ici) mise en application

Compréhension

1. Résumez les principales formes d'inégalités dans la France contemporaine.
2. Quels sont les motifs qui peuvent pousser les hommes politiques à adopter une politique ayant pour effet l'augmentation des inégalités?
3. Quels sont les facteurs qui reproduisent les inégalités sociales d'une génération à la suivante?
4. Expliquez comment certains groupes sociaux cumulent les désavantages, et de quelle façon les écarts de ressources confirment le phénomène.
5. En quoi l'opinion publique sur l'inégalité peut-elle être vue comme contradictoire?

Thèmes de réflexion: les groupes sociaux

1. Selon vous, quels sont les critères les plus importants pour distinguer entre les différents groupes sociaux?
2. La mobilité sociale compromet-elle la pertinence du concept de classe?
3. Pour attribuer une C.S.P. à un ménage, on prend la profession de la personne de référence, occultant ainsi les différences éventuelles entre les individus qui le composent. Dans la société actuelle, est-ce le ménage ou l'individu qu'il faut prendre en compte?
4. L'éclatement des classes qui ont marqué l'ère industrielle marque-t-il un pas vers l'égalité?
5. Du point de vue des modes de vie, la différence entre les classes d'âge est-elle plus ou moins importante que celles qui subsistent entre les groupes sociaux?

Chapitre 4

Exclusions et marginalités

4.1 Pauvreté et exclusion

Si on admet difficilement des écarts de revenus trop criants, on admet encore moins l'existence, au milieu d'une société globalement riche, de la pauvreté. Après un demi-siècle d'État-providence, avec sa promesse implicite d'une assurance contre tous les aléas de l'existence (maladie, chômage, vieillesse . . .), la pauvreté paraît en même temps un dysfonctionnement sérieux et un scandale moral.

Que la pauvreté existe ne fait pas de doute. Elle se montre même de la façon la plus évidente au coeur des grandes villes, là où s'étale la richesse de la société de consommation. Déjà, le 1er février 1954, un certain abbé Pierre avait conquis la première place dans le coeur des Français en lançant un appel célèbre pour ceux qui grelottaient ou même mouraient de froid dans les rues, faute d'abri. Qu'après 40 ans les asiles qu'il a fondés ne manquent toujours pas de clientèle, témoigne de la persistance de ce noyau dur de la pauvreté absolue, les S.D.F. ou 'Sans domicile fixe'. Ceux-ci ne sont cependant que la partie la plus visible d'une population mi-cachée qu'on appelle parfois les laissés-pour-compte – ceux qui vivent à côté des richesses de la société de consommation sans en jouir. Plus récemment, l'initiative du comédien Coluche, qui créa les 'restos du coeur' servant des repas gratuits aux plus démunis, souligne la pertinence de la formule de l'Évangile: 'Nous avons toujours les pauvres avec nous'.

Mesurer l'étendue de la pauvreté est cependant une chose complexe. Du fait de leur marginalité même, un certain nombre de pauvres échappent aux statistiques. Les critères selon lesquels on devrait définir la pauvreté ne sont pas évidents non plus. Ils varient selon les circonstances – par exemple, selon qu'on est seul ou soutenu par sa famille, ou qu'on habite en ville ou à la campagne. Et dans une société globalement aussi riche que la France, il convient de considérer non simplement la pauvreté absolue – où la santé voire la survie même sont menacées, mais aussi la pauvreté relative – où la distance à la moyenne est tellement large qu'on se trouve effectivement exclu de la société. Comme nous allons le voir plus loin, l'introduction du revenu minimum d'insertion a révélé tout un monde de pénurie, que certains estiment englober jusqu'à cinq millions de personnes. Ce qui a surtout retenu l'attention des sociologues dans les décennies récentes, c'est la métamorphose que connaît le monde de la pauvreté. Le texte qui suit contraste la pauvreté 'classique', phénomène relativement stable, qui a tendance à se reproduire de génération en génération, avec les nouvelles formes de pauvreté, marquées par la paupérisation d'individus jusque-là intégrés dans la société.

Texte 4.1.1

Déchaux, Jean-Hugues, 'Pauvretés anciennes et nouvelles en France', (extraits), *Observations et diagnostics économiques*, no 30, janvier 1990, Presses de la Fondation Nationale des Sciences Politiques, pp. 20–32

La pauvreté se transforme

Si la proportion de ménages situés au-dessous de seuil de pauvreté fluctue, ceux qui sont en situation de précarité* sont de plus en plus nombreux. Même si tous n'ont pas des ressources inférieures au seuil de pauvreté, leur vie repose sur un équilibre fragile, où tout acquis est révocable. Ils sont donc à la merci de tout événement qui peut désorganiser cet équilibre instable.

Différents éléments prouvent que la population en situation de précarité s'étend, ce qui a pour conséquence d'accroître le rôle de l'Action sociale* et le nombre de ceux qui en bénéficient et explique que le nombre des travailleurs sociaux ait dû être fortement accru. Leur effectif a triplé en vingt ans atteignant 153 000 en 1986. L'augmentation des inactifs non retraités, qui en 1987 sont 4,5% des plus de 15 ans, contre 3,1% il y a dix ans, fait qu'il y a de plus en plus de personnes qui vivent grâce à l'assistance sociale. Une enquête effectuée en 1985 par le CREDOC* dans neuf régions évalue entre 1,5 et 4% des ménages, selon les régions, ceux qui ont eu au moins un contact avec les travailleurs sociaux au cours du mois de l'enquête. Ces clients de l'Action sociale se renouvellent largement. La plupart ne connaissaient pas l'Action sociale avant de s'y adresser, car leur situation s'est dégradée rapidement: pour 20% d'entre eux il s'agit d'une première démarche et plus du quart ne sont pas des habitués, même s'ils ont déjà rencontré un travailleur social. Leurs difficultés financières sont graves: la moitié avaient un niveau de revenu au-dessous du seuil de pauvreté (40% du SMIC par unité de consommation*).

Cette évolution reflète les transformations de la pauvreté. Jusque dans les années 60, les pauvres étaient essentiellement des sous-prolétaires qui se situaient au plus bas de la hiérarchie sociale. Ils constituaient une population stable, située en dehors du système social et qui se reproduisait de générations en générations, identique à elle-même. Ils habitaient dans des bidonvilles* ou des cités de transit*, à l'écart du monde ordinaire, et vivaient de petits boulots obsolètes et peu productifs de bricolage* ou de récupération. Ils ne vivaient qu'entre eux, constituant une société à part entière à l'écart des normes et des valeurs de la société globale. Les spécialistes l'ont appelée quart-monde* pour souligner combien les pauvres étaient étrangers à la société de leur temps et incapables de s'y intégrer. Pour J. Labbens la pauvreté d'alors était un héritage. Les pauvres étaient les enfants des bidonvilles et des taudis et à l'échelle de l'histoire, la descendance de ceux qui étaient restés à l'écart de la révolution industrielle. Avant qu'apparaisse l'idée de nouvelle pauvreté, il était donc admis que la pauvreté était un état. Le pauvre naissait et mourrait pauvre.

Cette pauvreté de type ancien, mode de vie fait d'inactivité ou, tout au moins, d'absence d'activité continue, s'atténue* grâce à la meilleure couverture sociale des risques. Bien que la protection sociale contre les causes de cette inactivité que sont la maladie, le handicap physique ou mental ou l'âge, soit aujourd'hui mieux assurée qu'hier, ce type de pauvreté, qui tend certes à régresser, ne disparaît toutefois pas, car à coté de ces causes classiques tout un système de valeurs et d'attitudes dû à des handicaps sociaux et culturels se transmet de générations en générations et constitue un facteur d'inertie.

Si la situation financière des handicapés et des malades a progressé, les allocations leur étant destinées se situant désormais au-dessus de seuil de pauvreté pour une personne seule, les problèmes ne sont pas tous résolus pour autant. Pour la plupart, les difficultés sont très anciennes et handicapent les enfants notamment à l'école et par la suite sur le marché du travail. Il n'est donc pas surprenant que les couples avec de nombreux enfants où l'homme est inactif non retraité constituent une importante composante de la clientèle traditionnelle de l'Action sociale. Ils sont 6% des ménages traités par l'Action sociale, contre 1% des ménages français, sans compter que les plus défavorisés, et donc les plus pauvres, sont précisément ceux qui échappent à ce système de protection parce qu'ils sont mal informés ou ne parviennent pas à faire valoir leurs droits. Beaucoup parmi eux sont illettrés.

En revanche, les ménages de retraités ont pratiquement disparu de la clientèle de l'Action sociale, à l'exception de ceux qui sont d'anciens salariés peu qualifiés et qui ont une très petite retraite et un niveau d'instruction très bas. C'est en leur sein que la proportion d'illettrés est la plus importante. Ces handicaps tendent à se reproduire: les enfants ont des difficultés scolaires ou sont au chômage. Ces retraités en situation de précarité ne représentent heureusement que 8,6% de l'ensemble des bénéficiaires de l'Action sociale, alors que les retraités forment plus d'un quart des ménages français.

Aujourd'hui la pauvreté apparaît beaucoup plus comme le résultat de mécanismes de marginalisation. Le quart-monde n'a pas disparu, mais il se résorbe*; tandis que des personnes jusqu'à présent bien intégrées à la société peuvent désormais tomber dans la pauvreté. Cela signifie qu'il existe des processus de paupérisation là où autrefois l'intégration sociale était suffisamment forte pour les éviter. En bref, le lien social s'est affaibli créant de nouvelles formes de pauvreté qui se superposent aux formes plus anciennes qui, elles, s'atténuent. Ceci est dû en partie à la crise économique, aux restructurations industrielles et à la segmentation du marché du travail. Cependant on ne peut cerner* ces processus d'appauvrissement si l'on raisonne uniquement en terme individuel. Aux ressources de l'individu, il faut adjoindre celles de la famille, c'est-à-dire du ménage et de la parentèle proche. D'abord parce que c'est au niveau du ménage que les revenus sont perçus et les dépenses engagées. Ensuite parce que les relations de couple et de parenté jouent un rôle décisif pour soutenir l'individu et l'intégrer à la vie sociale. Lorsqu'elles sont brisées, l'individu est vulnérable et l'impact de la crise économique plus fort.

Le rôle de la parentèle peut être très contrasté selon qu'il s'agit de formes anciennes ou nouvelles de pauvreté. Comme la pauvreté du quart-monde est un héritage, les parents des pauvres sont aussi des pauvres. La parentèle aide chaque jour à survivre, mais c'est aussi par son intermédiaire que la pauvreté se transmet et se reproduit. Elle ne peut donc permettre d'en sortir. La situation est tout à fait différente si la pauvreté résulte de mécanismes de paupérisation touchant des populations jusqu'à présent épargnées. On sait que la parentèle proche joue un grand rôle dans la vie des Français et qu'elle se mobilise à l'occasion de temps forts du cycle de vie: naissance, installation dans la vie, accès à la propriété par exemple. Les travaux d'A. Pitrou ont montré que les ménages en situation de précarité ne se présentent pas toujours aux services sociaux, car ceux qui ne peuvent se débrouiller par eux-mêmes comptent d'abord sur la parentèle. Mais il suffit qu'à un moment difficile de l'existence, la parentèle ne soit pas à proximité ou qu'elle soit défaillante*, pour que s'enclenche* un processus d'appauvrissement. [. . .]

Définition de la nouvelle pauvreté

Il y a vingt ans environ la pauvreté était principalement un état stable, qui tendait à se reproduire. Rares étaient ceux qui tombaient dans la pauvreté; dans ce cas, ils étaient généralement victimes d'un processus continu de fragilisation. Aujourd'hui, au lieu de naître pauvre, on le devient. Le basculement* dans la pauvreté est plus fréquent et probablement plus soudain qu'autrefois. Selon l'enquête du CREDOC les deux-tiers des clients de l'Action sociale doivent faire face à des difficultés qui, en effet, ne remontent pas à plus de deux ans. Il ne s'agit donc pas de ménages depuis longtemps marginalisés, mais d'une population ayant vu sa situation se dégrader très vite.

Cette pauvreté nouvelle se distingue des formes plus classiques d'une autre manière: les pauvres ne se situent plus en dehors de la société; ils ne constituent plus une sorte de société parallèle dans laquelle ils auraient toujours vécu et vivraient encore. Avant d'être touchés par la pauvreté, ces ménages avaient leur place dans le système social. Leur mise à l'écart résulte d'un contexte social et culturel défavorable: famille ouvrière, faible revenu, faible niveau scolaire, absence de qualifications, chômage, charges familiales . . . . Ainsi les ménages les plus exposés à la paupérisation se situent dans des catégories jusqu'alors épargnées, mais qui, étant relativement défavorisées, sont les plus vulnérables.

Les nouveaux pauvres vont-ils s'enfoncer dans la pauvreté traditionnelle et rejoindre le quart-monde ou parviendront-ils plus facilement, du fait même de leurs origines, à s'en sortir? Il n'existe en France, à l'heure actuelle, aucune étude qui permette de répondre à cette question. Deux hypothèses inverses peuvent être avancées.

Du fait que le pauvre vit à l'écart des normes de bien-être de la société, toute pauvreté est une disqualification sociale. Les enquêtes ethnographiques montrent que le recours à l'assistance est généralement ressenti comme une épreuve humiliante parce qu'elle marque, de façon manifeste, la dépendance et l'infériorité sociale. L'assisté est officiellement désigné comme pauvre et par là même infériorisé et discrédité dans ses rapports sociaux. Les spécialistes parlent de 'stigmatisation'*, car la pauvreté altère l'identité et devient un 'stigmate'* qui marque l'ensemble des rapports avec autrui. Si le pauvre ne peut se débarrasser du 'stigmate' ou en compenser les effets, il devient un exclu et perd toute chance de sortir de la pauvreté. Or, pour les nouveaux pauvres, le 'stigmate' est d'autant plus fort qu'il touche des ménages jusqu'alors pleinement intégrés à la société et correspond à une dégradation subite de leur condition. Qui plus est, cette 'stigmatisation' ne peut être contrebalancée, comme c'est le cas pour la pauvreté traditionnelle, par une forte solidarité de groupe. Elle constitue même un obstacle à cette solidarité, dans la mesure où le poids du 'stigmate' est tel que chacun essaie de s'en affranchir* en détournant le discrédit dont il est l'objet sur d'autres pauvres. Au bout du compte, le 'stigmate' se renforce et l'exclusion se profile. La pauvreté nouvelle ne serait alors que le stade d'entrée dans la pauvreté traditionnelle.

Mais l'hypothèse inverse est plus plausible. Les nouveaux pauvres ont d'autant plus de chance de s'en sortir qu'ils ne sont pas définitivement coupés de la société. Puisqu'ils ne vivent pas dans un monde à part qui fonctionnerait et se reproduirait selon des normes propres, ils devraient pouvoir se réinsérer plus aisément dans le système social. Aux États-Unis, une enquête vient de montrer que la population qui se situe au-dessous du seuil de pauvreté est essentiellement fluctuante. Deux-tiers seulement des personnes qui vivent dans des familles pauvres une année donnée se retrouvent pauvres l'année suivante. Sur les dix années observées (1969–78), 24% de la population totale de ce pays a été pauvre, mais 2,6% seulement huit ans ou plus. La très grande majorité d'entre eux sont passés à une date donnée au-dessous du seuil de pauvreté mais ont remonté ensuite. Si les résultats de cette enquête étaient confirmés par d'autres faites en France, notre vision de la pauvreté changerait radicalement et montrerait que la pauvreté est devenue intermittente et a chance d'être transitoire. C'est précisément en considérant qu'elle s'est transformée et qu'il devrait être désormais possible d'en sortir, que les pouvoirs publics ont mis sur pied le revenu minimum d'insertion, dont l'objet est d'inciter ses bénéficiaires à retrouver une place dans la société.

Lexique

précarité: *(f)* fragilité, instabilité
l'Action sociale: *(f)* agence de l'État, qui a vocation d'intervenir dans les situations difficiles
CREDOC: Centre de recherche pour l'étude et l'observation des conditions de vie
unité de consommation: *(f)* le nombre d'unités est déterminé selon le calcul suivant: le premier adulte compte pour 1 unité, le deuxième pour 0,7, et chaque enfant pour 0,5
bidonvilles: *(m)* agglomérations d'abris de fortune, de baraques sans hygiène
cités de transit: *(f)* ensemble de bâtiments destinés à l'hébergement provisoire

bricolage: *(m)* petits travaux manuels
quart-monde: *(m)* extension de l'appellation 'Tiers (i.e. troisième)
monde', c'est-à-dire, les pays en voie de développement. Le quart (i.e.
quatrième) monde serait encore plus marqué par la pauvreté.
s'atténue: (s'atténuer) diminue
se résorbe: (se resorber) diminue en nombre
cerner: identifier et expliquer
défaillante: qui manque, qui fait défaut
s'enclenche: (s'enclencher) commence à fonctionner, se met en marche
basculement: *(m)* (ici) action de tomber
stigmatisation: *(f)* action de stigmatiser, identifier de façon ressentie
comme honteuse. Le stigmate est la marque de cette identification.
s'en affranchir: se libérer du stigmate

Compréhension

1. Pourquoi la pauvreté 'classique' a-t-elle tendance à se reproduire de
génération en génération?
2. Quels sont les facteurs qui rendent des secteurs nouveaux vulnérables à
la paupérisation?
3. Comment la nouvelle pauvreté se distingue-t-elle de l'ancienne?
4. En quoi les rôles de la famille et de la solidarité de groupe sont-ils
différents selon qu'il s'agit de l'ancienne pauvreté ou de la nouvelle
pauvreté?
5. Résumez les arguments pour et contre la thèse que la nouvelle pauvreté
devient héréditaire.

4.2   La politique de solidarité

Nous avons vu que le renforcement des inégalités et le nouvel essor de la
pauvreté ont provoqué une prise de conscience dans l'opinion publique,
qui a trouvé des échos au niveau de l'État. C'est surtout le chômage de
longue durée et le chômage des jeunes qui ont fait ressortir des lacunes
importantes du filet de l'État-providence. Ce filet, créé essentiellement
autour d'une série de contrats d'assurance, réussit largement à protéger
l'individu contre les à-coups de la fortune, dès lors qu'il est déjà installé
dans le 'système'. Sa grande défaillance, cependant, est qu'il manque de
moyens efficaces pour récupérer ceux qui n'ont jamais fait partie du
système, ou qui en sont sortis.

En janvier 1992, le Commissariat général du Plan a publié un rapport important sur les exclus et les exclusions[1], dont il est utile de résumer les conclusions. Le rapport identifie trois domaines prioritaires dans l'effort pour briser le cycle de la pauvreté.

Le premier, c'est le renforcement de la politique des quartiers et des villes défavorisés. Le deuxième, c'est une lutte contre l'échec scolaire, considéré comme un élément majeur dans la vulnérabilité à la paupérisation. Cette lutte appelle des moyens supplémentaires, surtout dans les Zones d'éducation prioritaire (ZEP). Le troisième, c'est l'aide à l'enfance, partant de la constatation que les difficultés dans l'enfance jouent un rôle primordial dans les difficultés ultérieures.

Il ne serait pas possible ici de considérer en détail toutes les formes d'intervention dans la société que se permet l'État au nom de la solidarité. Nous avons préféré privilégier l'étude d'une seule mesure récente, qui a été votée en 1988 à la quasi-unanimité de toutes les opinions politiques, et qui a été décrite comme un nouvel étage à l'immeuble de l'État-providence. Cette mesure, c'est le Revenu minimum d'insertion.

Le RMI est offert à toute personne au-delà de 25 ans ou ayant des enfants à charge, résidant en France, et dont les ressources n'atteignent pas un certain montant. L'allocation est égale à la différence entre ce montant, calculé selon la composition du ménage, et l'ensemble des ressources entrant déjà dans le foyer; elle entraîne aussi l'ouverture éventuelle de droits sociaux complémentaires. En échange, l'allocataire est, en principe, obligé de participer à des activités définies dans un contrat personnalisé, qui favorisent son insertion sociale ou professionnelle. Ces activités peuvent comprendre, par exemple, une formation, la recherche d'un emploi, ou simplement le remboursement d'une dette.

A l'occasion du vote du RMI, un spécialiste a commenté[2] qu'il représentait un compromis entre deux approches assez radicalement opposées de l'exclusion. En principe, le RMI est considéré comme la contrepartie d'un engagement de l'individu: 'Montre que tu te prends en charge, et la société t'aidera' serait la philosophie fondamentale. Cependant, le revenu minimum n'est pas loin d'un droit quasi-automatique; dans ce sens, il s'écarte du dispositif traditionnel de l'État-providence

---

[1]Commissariat général du Plan, 'Exclus et exclusions: connaître les populations, comprendre les processus', Rapport du Groupe technique quantitatif sur la prospective de l'exclusion, janvier 1992.

[2]Clerc, Denis, 'Le RMI à la française: un compromis', dans *L'État de la France, 1989*, La Découverte, Paris, 1990.

en supposant une obligation pour la société d'assurer à tout citoyen, à titre de droit inconditionnel, un revenu suffisant à ses besoins.

Même ambiguïté en ce qui concerne les conséquences à terme de la mesure. Apparemment une mesure de justice sociale, elle peut également être vue comme 'un reçu pour solde de tout compte', c'est-à-dire, un moyen par lequel la société se considère quitte vis-à-vis de tous ceux que l'évolution économique rejette. Ainsi, elle serait un pas vers ce que le sociologue André Gorz appelle 'l'apartheid social'.

Trois ans après, ce même spécialiste revient sur le RMI pour en évaluer les effets, et c'est ce texte que nous présentons ici. Il montre les difficultés qui se présentent à tout effort, même le mieux intentionné, devant un problème devenu quasiment structurel dans la société actuelle.

Texte 4.2.1
Clerc, Denis, 'RMI: Les limites de l'insertion', *Alternatives économiques*, janvier 1992, pp. 23–6

Le Revenu minimum d'insertion (RMI) a trois ans. Il va prochainement être soumis à un 'examen de passage' par l'Assemblée nationale. En effet, la loi qui a instauré ce filet de protection destiné aux plus démunis, a prévu une évaluation de ses résultats pour, éventuellement, le modifier et le rendre mieux capable de répondre au défi de la pauvreté dans une société riche. Les études de terrain se sont donc multipliées, si bien qu'on a rarement possédé autant de données sur la façon dont une mesure sociale est utilisée et sur sa capacité à répondre aux attentes des personnes concernées. A l'origine du RMI, on trouve un constat: le système français de protection sociale est largement fondé sur l'emploi, même s'il existe d'importantes exceptions comme le minimum vieillesse ou les prestations familiales. Ainsi, le droit à l'indemnisation* du chômage n'est ouvert, le plus souvent, qu'à ceux qui ont cotisé. Pour bénéficier de l'assurance maladie, il faut être actif (employé ou en chômage) ou à charge d'une personne active. L'expérience a montré qu'avec la montée du chômage de masse, un nombre croissant de personnes étaient privées à la fois de revenus et de protection sociale: d'où une montée de la grande pauvreté, dont ont témoigné, chacun à leur façon, les 'Restos du coeur' de Coluche et le rapport 'Grande pauvreté et précarité économique et sociale' du père Wresinski au Conseil économique et social* (en 1988). Dans un certain nombre de villes – Grenoble, Belfort, Clichy . . . – un revenu minimum local a été instauré, anticipant en quelque sorte le RMI national.

Les chiffres du RMI

450 000 personnes percevaient en juin 1991 l'allocation en métropole (+ 80 000 bénéficiaires dans les départements d'outre-mer, non concernés par l'analyse qui suit). Ce qui représente à peu près 750 000 personnes concernées si l'on tient compte des personnes à charge (enfants et conjoint). Le RMI est une 'allocation différentielle'; son montant varie donc en fonction des autres revenus éventuellement perçus par le bénéficiaire (prestations familiales, allocations logement . . .). En moyenne, ce montant s'élevait à I 850 F par bénéficiaire en juin dernier. Le bilan quantitatif est à peu près conforme aux prévisions: le RMI – fixé, il est vrai, à un niveau assez bas – ne s'est pas révélé être le gouffre financier que certains annonçaient. L'allocation elle-même coûte environ 8,5 milliards de francs à la collectivité, auxquels il convient d'ajouter les allocations logement qui lui sont liées (grâce au RMI, des personnes jusqu'alors privées d'allocations logement peuvent en bénéficier), l'assurance maladie, les dépenses d'insertion (stages, formation . . .) et le coût de gestion. L'ensemble représente sans doute un peu moins de 14 milliards de francs, soit 0,2% du produit intérieur brut, ce qui, on en conviendra, n'est pas cher payé si le RMI arrête effectivement la dérive* des exclus de l'emploi vers la marginalisation. Est-ce le cas?

Un public inconnu des services sociaux

Il est, bien entendu, difficile de répondre à cette question. Et l'on ne peut y répondre de manière simple, en raison de la diversité des personnes bénéficiaires. Une première constatation s'impose: le RMI a 'révélé' toute une population que les travailleurs sociaux ne connaissaient guère. Des jeunes souvent (les moins de 35 ans sont majoritaires, bien que le droit au RMI ne soit ouvert qu'aux personnes d'au moins 25 ans, sauf si elles ont un ou plusieurs enfants à charge), des isolés en grande majorité (surtout des femmes). On attendait plutôt des couples, ou des familles monoparentales (adulte seul avec enfant à charge); ils sont très minoritaires puisque les couples ne représentaient, en 1990, qu'un cinquième des nouveaux bénéficiaires, et les familles monoparentales (femmes essentiellement) un autre cinquième. Le 'public' du RMI est donc fort différent de celui qui percevait jusqu'alors des aides sociales ou l'assistance médicale gratuite.

Ce constat se comprend aisément: le RMI a justement été instauré pour combler un trou de la protection sociale. Il visait les exclus des autres dispositifs sociaux. Les familles ou les personnes âgées, mieux protégées, sont donc assez peu concernées par le RMI. Il n'empêche, le RMI a mis en évidence l'ampleur de l'exclusion sociale dont sont victimes des jeunes qui n'ont connu, dans le meilleur des cas, comme expérience professionnelle qu'une succession de petits boulots et de stages. Pour eux, le RMI est d'abord l'espoir d'en finir avec la galère* et de trouver une véritable insertion professionnelle.

Cet espoir est hélas largement déçu. Les sorties du RMI se font assez peu 'par le haut', c'est-à-dire par suite d'une hausse des revenus entraînant un arrêt du versement de l'allocation. Environ un tiers des 'RMIstes' de 1989 ne l'étaient plus en 1990, mais il s'agit d'une fausse sortie pour la moitié d'entre eux: oubli de renvoi du questionnaire de ressources, ou amélioration transitoire des revenus (le plus souvent en raison de rappels d'allocations familiales). Quant à l'autre moitié (soit 16% des RMIstes), l'amélioration du revenu est parfois due à l'attribution d'autres prestations (allocation de parent isolé ou d'adulte handicapé). Au total, un RMIste sur huit, environ, trouve une insertion professionnelle et du même coup, un revenu d'activité souvent accompagné d'une amélioration de prestation familiale. Encore convient-il de souligner que cette activité est souvent un emploi précaire (contrat de retour à l'emploi, stage rémunéré).

Un faible retour à l'emploi

Il ne faut évidemment pas sous-estimer l'importance psychologique autant que matérielle de cette réinsertion. Elle permet aux personnes concernées de reprendre pied, de se retrouver dans un univers 'normal' et de rompre avec le cercle vicieux de l'exclusion. Même les sorties non liées à l'emploi témoignent d'un rééquilibrage*, puisque les ex-RMIstes passent de l'assistance à un statut reconnu et non discriminant.

Il faut cependant bien reconnaître que l'espoir d'une résorption rapide de la grande pauvreté est largement illusoire: le retour à l'emploi ne concerne qu'une proportion bien faible des allocataires. On a accusé les collectivités locales de porter une certaine responsabilité, en raison de leurs réticences – pour ne pas dire plus – à mettre en place et à financer des dispositifs d'insertion. [. . .]

Le casse-tête de l'insertion

Il est évident que certains départements ont traîné les pieds, comme l'attestent les fortes inégalités observées dans la proportion de bénéficiaires ayant signé un contrat d'insertion. Toutefois, cela n'explique pas fondamentalement le faible nombre des retours à l'emploi. La situation de l'emploi, bien sûr, ne facilite pas les choses: les créations de postes de travail sont peu nombreuses et moins nombreux encore sont les employeurs prêts à jouer le jeu de l'insertion. Le RMI agit à la façon d'un stigmate et il faut toute la persuasion des exemptions de charges sociales* pour que certains employeurs acceptent des Contrats de retour à l'emploi. Les travailleurs sociaux ne sont pas des démarcheurs* d'emplois: face à un marché du travail difficile et sélectif ils ne peuvent guère répondre à la demande de bon nombre d'allocataires, pour lesquels insertion veut dire emploi.

La raison essentielle des difficultés d'insertion tient cependant aux RMIstes eux-mêmes. On a souligné, plus haut, la diversité de leur profil, même si certaines caractéristiques (âge, isolement) sont fréquentes. Elisabeth Maurel s'interroge:

> Qu'y a-t-il de commun entre un commerçant en faillite, un artiste en début de carrière, un chômeur en fin de droits, un étudiant 'attardé' ayant du mal à faire sa place au soleil, un ouvrier en manque de contrats d'intérim, un cadre dont la carrière est brisée par la maladie, un homme seul avec son alcoolisme, un exilé politique d'un pays lointain, une jeune femme bien décidée à créer son affaire, un errant qui cherche à s'arrêter, un immigré rendu inutile par un accident de travail, une mère de famille nombreuse devenue veuve, et tant d'autres qui n'ont qu'une seule chose en commun: l'absence temporaire ou durable de ressources financières.

L'insertion victime des RMIstes eux-mêmes

Dans cette diversité, il paraît cependant possible de procéder à quelques grands regroupements. C'est ainsi que Serge Paugam, à partir d'une enquête effectuée dans neuf départements, propose de classer les RMIstes en fonction de leur mode d'intégration à la vie économique et sociale. Il prend en compte le marché du travail, bien sûr, mais aussi l'intensité des liens sociaux, c'est-à-dire les relations que chacun entretient avec un ensemble plus ou moins étendu de personnes. Une partie des allocataires est correctement intégrée de ce point de vue, avec des relations sociales à la foi diversifiées et denses. Leur problème est qu'ils ne parviennent pas à retrouver ou à accéder à un emploi stable, faute le plus souvent de qualifications suffisantes ou adaptées. Pour eux, l'insertion professionnelle est difficile mais pas illusoire. Ils sont, hélas, minoritaires. Un deuxième groupe ne peut guère espérer retrouver du travail de façon stable dans le secteur concurrentiel*: âge, santé, inexpérience ou inadaptation aux normes productives. Mais leur enracinement* familial les empêche de se marginaliser: travail au noir et aide sociale permettent de vivre et de maintenir un minimum de liens sociaux. Quant au troisième groupe, les attaches familiales ou sociales font défaut, si bien que le handicap professionnel se double d'une désocialisation: alcoolisme et logement précaire (foyer) sont alors fréquents. Pour ces deux derniers groupes, il est clair que l'emploi normal est quasi-inaccessible, ou seulement à l'issue d'un parcours de reconstruction personnelle. Ph. Estèbe, N. Haydadi et H. Sibille aboutissent à des conclusions similaires avec une approche en termes de 'capital social', de 'ressources scolaires' et de 'ressources professionnelles'. Mais ils en tirent une leçon un peu différente: il n'y a pas toujours cumul de handicaps (contrairement à la pauvreté classique), si bien que les RMIstes sont 'plus solides qu'il n'y paraît'.

L'ampleur des dégâts

Voilà, finalement, la découverte essentielle entraînée par le RMI: on n'imaginait pas l'ampleur des dégâts personnels que vingt ans de crise économique et de montée du chômage ont provoqué dans le corps social. La réduction ou la suppression des revenus professionnels ont engendré des replis sur la famille qui a servi d'amortisseur*; à défaut de famille, il y a eu marginalisation. Dans les deux cas, la capacité à se montrer autonome, dynamique et volontaire (les qualités de base que recherchent les employeurs) s'est atténuée: le cercle vicieux de l'exclusion transforme peu à peu le chômeur en assisté. Les plus marginalisés ne sont d'ailleurs même pas demandeurs du RMI, leur désocialisation est telle qu'ils ne peuvent plus imaginer redevenir partie prenante d'un projet, quel qu'il soit. La grande majorité des clochards*, par exemple, n'a pas cherché à déposer une demande: trop compliquée et trop contraignante. Le RMI se révèle ainsi incapable d'éliminer la grande pauvreté, comme chacun peut le constater tous les jours en circulant un peu dans nos grandes villes.

Cela ne signifie pas, pour autant, qu'il soit inutile! Le CREDOC a suivi un panel (échantillon* représentatif de personnes interrogées à intervalles réguliers) de bénéficiaires. Les résultats confortent* le classement de Serge Paugam: 33% des allocataires sont engagés dans un processus d'insertion professionnelle. Les autres sont soit des 'assistés lourds' (11%), soit des utilisateurs limités du dispositif, intéressés par l'argent (28%), la couverture médicale (16%) ou les prestations logement (12%). Pour ces trois dernières catégories (correspondant aux 'handicapés professionnels' de Serge Paugam), le RMI empêche la dérive vers une marginalisation totale. Le contrat d'insertion permet – c'est déjà beaucoup – de se refaire une santé ou de réduire le risque de clochardisation*. 'Le RMI permet de relancer, par l'apport d'argent frais, les relations familiales en desserrant la contrainte de la dépendance'. Mais, à l'inverse, le volet* insertion consiste à trier*, dans les allocataires, les plus employables, comme le montrent, à l'évidence, les enquêtes de terrain menées dans douze départements par des équipes coordonnées par la MIRE (Mission interministérielle recherche–expérimentation) et le Plan urbain.

L'effort de la société

Voilà qui pose problème: le RMI est fréquemment critiqué pour l'insuffisance de son volet insertion. Et si la réalité était inverse, si l'insertion était, en fait, un tri* qui, par la force des choses, ne peut concerner qu'une minorité? Dans ce cas, l'important serait le revenu, et non l'insertion, parce que la majorité de la population touchée est inaccessible. Il importerait alors de garantir à cette population – peut-être 300 à 400 000 personnes – la pérennité de ce revenu qui est devenu une bouée de secours*, plutôt que de la traumatiser* en soulignant le caractère temporaire et contractuel de l'allocation. Cela revient à dire que l'insertion professionnelle ne dépend pas d'abord des personnes concernées, mais de l'effort que la société acceptera de consentir pour leur offrir des postes de travail, ce qui implique un partage du travail. A défaut, il est illusoire de mener aux portes de l'insertion professionnelle des populations auxquelles l'emploi reste fermé.

Lexique

indemnisation: *(f)* allocation en réparation d'un dommage (ici, le chômage)

Conseil économique et social: *(m)* organisme composé de représentants des différentes sections de l'économie et chargé de conseiller le gouvernement sur les questions économiques et sociales

dérive: *(f)* glissement

galère: *(f)* *(fig.)* misère

rééquilibrage: *(m)* retour à une situation perçue comme plus normale

charges sociales: *(f)* charges obligatoires proportionnelles aux salaires, payées par l'employeur

démarcheurs: *(m)* (ici) agents, personnes chargées de trouver [l'emploi]

concurrentiel: compétitif

enracinement: *(m)* fait d'être enraciné, solidement établi [dans une famille]

amortisseur: *(m)* qqch. qui amortit, diminue les effets d'un choc

clochards: *(m)* personnes sans domicile, en déchéance

échantillon: *(m)* petit nombre sélectionné comme représentatif
confortent: (conforter) (ici) soutiennent, confirment
clochardisation: *(f)* glissement vers la condition de clochard *(voir ci-dessus)*
volet: *(m) (fig.)* partie, composant
trier: choisir parmi d'autres, surtout après examen
tri: *(m)* choix *(voir* trier, *ci-dessus)*
bouée de secours: *(f)* anneau flottant qu'on jette à quelqu'un qui se noie *(ici au fig.)*
traumatiser: provoquer une crise psychologique

Compréhension

1. Le RMI est-il un droit conditionnel ou inconditionnel?
2. Quel est le secteur de pauvreté révélé par le RMI, et pourquoi a-t-il été caché jusque-là?
3. Est-il possible de classer les RMIstes?
4. Les difficultés de l'insertion tiennent-elles à la situation de l'emploi, ou aux RMIstes eux-mêmes?
5. A quel point peut-on considérer le RMI comme une réussite, et à quel point un échec?

4.3   Immigrés et étrangers

Au premier chapitre, nous avons observé que l'histoire démographique de la France en a fait, seule entre les grandes nations d'Europe, un pays d'immigration. En 1881 déjà, elle hébergeait plus d'un million d'étrangers, soit environ 3% de la population totale du pays. Le flux migratoire s'est amplifié au lendemain de la Grande Guerre, portant le nombre à 2,7 millions en 1931, soit 6,6% de la population totale, composé pour la grande majorité de travailleurs venus des pays du sud de l'Europe *(tableau 22)*. Sous l'effet de la crise économique, ces chiffres diminuent pour remonter dans les années 50 et 60, quand les effets combinés de la croissance et du déficit de main-d'oeuvre appellent de nouveau l'immigration massive. Cette deuxième vague vient surtout des pays du Maghreb nouvellement accédés à l'indépendance (Algérie, Tunisie et Maroc), relayée plus tard par un nombre moins important mais non négligeable d'arrivées de pays plus lointains: Turquie, pays du sud-est asiatique et d'Afrique noire notamment.

Tableau 22: Les étrangers en 1931, 1954, 1975 et 1990 (en milliers)

Nationalité	1931[c]	1954[d]	1975	1990
Ensemble	2715	1765	4332	3597
Européens[a]	2460	1431	2103	1464
dont: Allemands	72	54	43	53
Belges	254	107	56	56
Espagnols	352	289	497	216
Italiens	808	508	463	253
Polonais	508	269	94	47
Portugais	49	20	759	650
Yougoslaves	32	17	70	52
Africains	105	230	1192	1633
dont: Algériens		212	711	614
Marocains		11	260	573
Tunisiens		5	140	206
Asiatiques	85	41	104	425
dont: Turcs	36	5	51	198
Américains	32	49	42	73
Autres[b]	33	14	1	2

[a]Les Soviétiques sont inclus, mais non les Turcs
[b]Y compris les étrangers de nationalité non précisée
[c]Y compris les sujets français d'Afrique et d'Asie recensés en France métropolitaine
[d]Y compris les Français musulmans d'Algérie recensés en France métropolitaine
Source: INSEE, Données sociales 1993

En 1974, la crise du pétrole entraîne, en France comme ailleurs en Europe, un ralentissement abrupt de l'expansion économique, et la France ferme ses portes à l'immigration de main-d'oeuvre. Il n'y a pas d'arrêt net du flux, car à l'immigration des travailleurs succède un important mouvement de 'regroupement familial'. Plutôt que de rentrer 'chez eux', la grande majorité des immigrés du Maghreb – pour la plupart des hommes isolés – préfèrent faire venir leurs familles, déclenchant ainsi ce qu'on a appelé le phénomène de 'sédentarisation' qui voit l'installation définitive en France d'une nouvelle population autour de laquelle s'est cristallisée, pendant les années 70 et 80, une réaction d'inquiétude qui, parfois, va jusqu'au racisme ouvert.

Cette inquiétude va souvent de pair avec la confusion et l'approximation: pour beaucoup, 'immigré', 'étranger', 'maghrébin', et 'arabe' sont synonymes. Les polémiques les plus bruyantes, qui se caractérisent par des appels à l'arrêt de l'immigration, ou au rapatriement des immigrés déjà installés, se nourrissent souvent de ces confusions, et il est

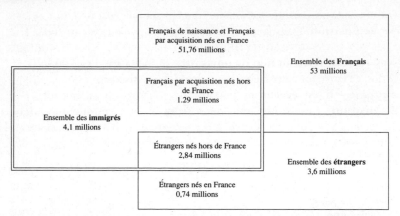

Figure 14: Français, étrangers et immigrés résidant en France métropolitaine (chiffres du recensement de 1990)
Source: Haut Conseil à l'intégration, 'La connaissance de l'immigration et de l'intégration', novembre 1991, Documentation française, Paris, 1992 [adaptation: les rédacteurs]

donc nécessaire de cultiver la précision dans les définitions et dans les chiffres.

En effet, tout étranger n'est pas immigré, ni tout immigré étranger. Est **étranger** toute personne qui n'a pas la nationalité française, qu'elle soit née en France ou ailleurs. Est **immigré** toute personne née étrangère qui s'est installée en France – qui peut être restée étrangère ou avoir acquis la nationalité française. En 1990, il y avait 4,1 millions d'immigrés, et 3,6 millions d'étrangers; moins de 3 millions, cependant, étaient en même temps immigrés et étrangers *(figure 14)*.

En ce qui concerne les chiffres, il est important de souligner que le flux des immigrés travailleurs est maintenant réduit au dixième de ce qu'il était au point culminant de 1970; et les trois quarts des immigrés, de quelque origine que ce soit, admis en France en 1991 le furent soit par des motifs familiaux, soit comme réfugiés, dans les deux cas dans le simple respect des droits de l'homme. Sur ce nombre réduit d'immigrés travailleurs, le pourcentage de ceux en provenance de la CEE, bénéficiant de la liberté de circulation, dépasse maintenant celui de toute autre catégorie. Le 'cycle maghrébin' se ferme: reste à savoir comment intégrer à la population française ces populations nouvellement établies.

Pour bien comprendre le rapport immigré–étranger, il faut considérer de plus près les dispositions qui gouvernent l'obtention de la nationalité française.

On peut acquérir une nationalité, quelqu'elle soit, par **attribution** ou par **acquisition**. Dans la majorité des cas, la nationalité est attribuée à la naissance soit en vertu de la **filiation** (qu'on appelle parfois le 'droit du sang') soit en vertu du **lieu de naissance** (principe du 'droit du sol'), et le dosage entre les deux éléments varie selon les dispositions de la nation concernée. Il est également possible de prendre une nationalité par **acquisition**, c'est-à-dire, plus tard dans la vie, par une procédure conforme à la loi, qui, sur ce point aussi, varie beaucoup d'un pays à l'autre. Or, le Code français de la nationalité se distingue, de tous les points de vue, par son ouverture.

– En ce qui concerne l'attribution selon la filiation, tout enfant né d'un père ou d'une mère français, est, selon l'article 17 du Code, français dès la naissance.

– En ce qui concerne l'attribution selon le lieu de naissance, tout enfant né en France de parents étrangers, dont l'un au moins est lui-même né en France, est français. C'est ce qu'on appelle parfois le 'double *jus soli* ', défini par l'article 23 du Code.

– En ce qui concerne l'acquisition, il y a plusieurs dispositions (naturalisations, situation de personnes mariées à des Français, etc.), mais la plus importante pour les immigrés est définie par l'article 44. Celui-ci prévoit que l'enfant né en France de parents étrangers nés à l'étranger peut acquérir la nationalité à sa majorité, si, à cette date, il réside en France depuis au moins cinq ans.

Ces dispositions doivent beaucoup, on l'admet généralement, au besoin senti par la nation avant la première guerre mondiale de s'assurer de l'allégeance des immigrés. Ce n'est que dans les années 80 que des voix s'élèvent pour remettre en question l'opportunité d'accorder la nationalité française de façon que certains considèrent légère. Il est évident que cette inquiétude est étroitement associée à la situation des 'beurs', et l'appel à une révision du Code est parfois lié à des appels à une meilleure maîtrise des flux d'immigration, voire au 'rapatriement' des immigrés.

En 1986, le gouvernement de Jacques Chirac a déposé des propositions qui allaient dans le sens d'un durcissement des dispositions. Ces propositions, cependant, ont soulevé une telle clameur que le gouvernement les a retirées pour confier à une Commission de 'sages' la tâche d'examiner de manière plus réfléchie toutes les dispositions du Code.

Ce n'est qu'en 1993 que les recommandations de la Commission ont eu des suites législatives. La modification principale porte sur l'article 44, qui prévoit que, dès 1994, le jeune étranger qui remplit les conditions requises pour obtenir la nationalité doit manifester sa volonté, au lieu d'en bénéficier automatiquement. Cette modification, assez minime sur le plan juridique, touche néanmoins au point sensible de la législation, c'est-à-dire, le rapport entre intégration et citoyenneté.

L'intérêt des travaux de la Commission, en tout cas, est loin d'être épuisé par leurs résultats dans le domaine de la législation. A travers des auditions, parfois télévisées, d'experts et de personnes intéressées, elle a contribué à dissiper beaucoup de malentendus et à favoriser une prise de conscience des problèmes de l'intégration. Elle a été relayée dans cette tâche par le Haut Conseil à l'intégration, créé en 1990, et chargé de

> dissiper les fantasmes qui entourent la présence des étrangers en France, en substituant aux informations lacunaires, dispersées, parfois incohérentes ou tout simplement inexistantes une connaissance aussi exacte que possible des données relatives aux flux d'immigration, à la présence évolutive et à la situation juridique des étrangers sur le sol français.[1]

La question de la nationalité est particulièrement importante en France car elle est au centre de ce qu'on appelle 'le modèle français' de l'intégration. Fondé sur les principes identitaires et égalitaires qui remontent à la Révolution et à la Déclaration des droits de l'homme et du citoyen, ce modèle fait appel à l'égalité des individus devant la loi, quelles que soient leurs origines, leur race ou leur religion. Il s'oppose donc à un modèle, plus caractéristique du Royaume-Uni ou des États-Unis, qui reconnaît plus facilement l'existence de minorités, et où l'intégration passe plus par la communauté ethnique ou culturelle, avec laquelle gouvernements et politiciens peuvent négocier, que par l'individu.

Le texte qui suit, tiré du rapport de la Commission de la nationalité, replace ce modèle dans un contexte historique, et esquisse les difficultés auxquelles il se heurte actuellement.

Texte 4.3.1
Commission de la nationalité, 'La part du droit de la nationalité dans l'histoire et la sociologie récente de la France', (extraits), *Etre français aujourd'hui et demain. Rapport remis au Premier ministre*, Documentation française, Paris, 1988, pp. 80–8

État-nation par excellence, la France, héritière de la centralisation politique et culturelle constituée par la monarchie et renforcée par la légitimité

---

[1]Haut Conseil à l'intégration, *Pour un modèle français d'intégration. Premier rapport annuel*, Documentation française, Paris, 1991.

révolutionnaire et la tradition jacobine*, imposait que l'unité nationale fût doublée de l'unité culturelle, manifestée par l'emploi d'une même langue et la référence à une même culture. Tout particularisme, breton, occitan*, italien ou juif, apparaissait comme une menace pour l'unité nationale. L'école de la IIIe République* eut pour charge et pour effet de transformer les petits Bretons, Corses, Provençaux, les fils de mineurs italiens ou polonais, les enfants du prolétariat juif d'Europe centrale, en citoyens de la République, parlant la même langue et partageant les mêmes valeurs culturelles et patriotiques.

La faible fécondité, l'ambition nationale, la confusion entre l'unité politique et culturelle explique à la fois le fait massif et constant de l'entrée et de l'installation des populations étrangères, et la politique qui fut suivie à leur égard.

Cette politique fut appelée de manière malheureuse une politique d'assimilation. L'expression est regrettable, puisqu'elle semble impliquer que les étrangers perdaient leurs caractéristiques d'origine pour devenir seulement des 'Français', comme s'il existait une essence des 'Français', indépendamment de toutes les diversités sociales et régionales. Il serait préférable de dire que ce fut une politique d'intégration, qui visait à ce que les naturalisés et les enfants d'étrangers devenus français participassent à la vie nationale comme les autres, même s'ils gardaient, dans l'ordre du privé, leurs fidélités religieuses ou culturelles. Les diverses institutions nationales, l'école, l'Église catholique, l'armée, les syndicats et les partis politiques de gauche, entre autres, ont contribué, par leur visée universelle, à cette évolution.

Cette politique était évidemment justifiée par les besoins de l'économie: la sidérurgie* lorraine a reposé sur le travail des immigrés italiens, comme les mines de charbon du Nord ont été exploitées par les ouvriers systématiquement recrutés en Pologne dans les années 20. Elle était aussi liée aux besoins de l'armée, comme le rappellent les préambules à la loi de 1889*. Mais elle était transfigurée par le patriotisme, par l'image de la France comme pays de la liberté et des droits de l'homme. Personne ne doutait de la supériorité du génie français et du bonheur que ne manqueraient pas de connaître ceux qui allaient devenir français et participer à un destin national glorieux.

Ce n'est pas dire, pour autant, que ce processus s'est déroulé sans problèmes, sans violences, sans xénophobie. La haine à l'égard des ouvriers italiens accusés de nomadisme, de criminalité, de violences, de syphilis s'est exprimée avec passion à la fin du siècle dernier. Les grèves du bassin de Briey* en 1905 ont été d'abord des grèves anti-italiennes. Les manifestations anti-italiennes dans le sud de la France à la fin du siècle dernier furent beaucoup plus violentes et meurtrières que les réactions à la présence des

Maghrébins dans les grandes banlieues au cours des années 70. Il ne suffit pas que les immigrés viennent de pays voisins, qu'ils partagent la même religion pour que les conflits soient moins violents. La xénophobie s'exprime aussi bien contre l'Autre le plus éloigné que contre l'Autre le plus proche.

Malgré tout, le 'creuset'* français a fonctionné de manière peut-être douloureuse mais en tout cas efficace, comme l'a tristement démontré la participation de tous les Français et, parmi eux, les naturalisés, les enfants d'étrangers et les ressortissants* des pays coloniaux, à la guerre de 1914–18. Les nouveaux Français ont payé le même tribut à la guerre et se sont fait tuer avec le même héroïsme que l'ensemble de la population française.

La législation sur la nationalité a constitué un des moyens à la fois d'encourager et de consacrer ce processus nécessaire de francisation*. L'acquisition de la nationalité accélérait, dans certains cas, le processus, dans d'autres cas, elle en reconnaissait l'achèvement. C'est d'ailleurs la raison pour laquelle des lois successives l'ont adaptée aux besoins nouveaux. C'est aussi ce qui explique que, de tous les pays de l'Europe occidentale, les Français aient le droit de la nationalité le plus 'ouvert'. Mais il ne s'agissait pas de résoudre, par le seul effet du droit de la nationalité, l'ensemble des problèmes sociaux et politiques que créent la présence et l'intégration progressive de populations d'origine étrangère.

La fonction sociale et politique de la législation de la nationalité n'a pas fondamentalement changé aujourd'hui. Sans doute les populations concernées ne sont pas les mêmes. Aux Italiens, Polonais, Belges ont succédé les Espagnols, Portugais, Maghrébins, Turcs, Africains du Sud-Sahara, Asiatiques. Mais la distance géographique ne signifie pas nécessairement de plus grandes difficultés d'adaptation, d'autant plus que nombre de ces populations ont connu l'influence française avant la migration. Comme dans les générations précédentes, les immigrés récents, massivement issus de milieux ruraux, sont de niveau économique et culturel faible; leur acculturation* à la France ne peut être que progressive.

Toutefois, les enquêtes sociologiques et les témoignages recueillis lors des auditions convergent pour montrer que, malgré les tensions de toutes natures, malgré l'existence de traditions familiales et religieuses différentes, l'acculturation des enfants d'origine portugaise, algérienne, marocaine ou asiatique, scolarisés en France, n'est pas plus lente que celle des enfants issus d'immigrés italiens ou polonais dans les générations précédentes. De plus, la présence d'une population assez anciennement installée en France (de 10 à 25 ans) constitue aujourd'hui un facteur favorable pour aider à leur intégration.

Certains secteurs de l'opinion publique attribuent la responsabilité des difficultés actuelles au fait qu'une part important des nouveaux immigrés est d'origine musulmane. Des historiens insistent sur la résistance que l'Islam a opposée à la civilisation chrétienne au cours des siècles. Il ne s'agit pas de nier les conflits que peuvent provoquer la vie commune et la participation à la même unité nationale de populations dont l'histoire et les traditions ne sont pas les mêmes. Il faut toutefois constater que la majorité des enfants d'immigrés d'origine musulmane (ou de Français musulmans), peu pratiquants, ne connaissent guère l'Islam qu'à travers l'image que leur en donne l'école française. L'expérience montre qu'aucune culture n'est 'inassimilable', même si des formes d'identité particulière se maintiennent: toutes les populations s'adaptent à la culture du pays où elles vivent. La culture française dans laquelle les jeunes d'origine étrangère ont été élevés bénéficie du prestige de la modernité.

L'Islam peut aussi poser un problème spécifique à cause du droit des personnes: la polygamie, l'inégalité entre les deux sexes qu'entraînent les mariages imposés aux jeunes filles par leur père sont inconciliables avec les valeurs françaises. Il paraît inconcevable qu'une partie de la population se réfère à un autre droit, au nom du relativisme culturel*. La France ne saurait être pluriculturelle* en ce sens. Mais les enquêtes montrent aussi que majoritairement les jeunes filles issues de l'immigration scolarisées en France finissent par imposer des infléchissements* notables aux traditions familiales. Les tensions et les drames ne sont, certes, pas absents de ce processus. Malgré tout, le sens général de l'évolution va clairement vers l'effritement* progressif du modèle traditionnel familial – même si, dans de nombreux cas, cette évolution exige encore du temps.

Dans le processus d'intégration auquel nous assistons aujourd'hui, les populations ont changé, mais peut-être plus encore les formes de l'intégration, la nature du lien social qui unit l'ensemble de la population de la France, nationale et étrangère. On n'entend plus guère le discours du patriotisme. Les institutions nationales, comme l'école ou l'armée, sont volontiers remises en cause*. Les Églises catholiques, française, polonaise et italienne, qui devaient contribuer à aider, contrôler, intégrer les populations étrangères ont perdu une grande part de leur rôle social. Les syndicats ouvriers contribuaient aussi à insérer les ouvriers étrangers dans l'ensemble de la classe ouvrière, par leur action quotidienne et leur discours sur la lutte des classes, qui donnait une représentation du monde, un sens positif à la condition prolétarienne; leur affaiblissement rend plus difficile l'intégration des populations d'origine étrangère. L'école, moins autoritaire, moins exigeante, moins sûre de ses valeurs et de sa mission qu'elle ne l'était pendant la IIIe République, reste pourtant relativement efficace; encore que l'échec scolaire des jeunes issus de l'immigration constitue une limite à son action. Cet affaiblissement des institutions et des valeurs universalistes* autour desquelles s'est élaborée la tradition nationale, et qui a permis l'intégration des populations d'origine étrangère au cours des deux derniers siècles, constitue le véritable danger pour l'avenir national. Là encore, ce n'est pas le droit de la nationalité lui-même qui pourra redonner la capacité de l'intégration, dont on se demande si elle n'est pas devenue quelque peu défaillante*.

Reste que le droit de la nationalité doit demeurer ce qu'il a été dans notre histoire, le moyen d'encourager et de consacrer l'intégration à la France des populations d'origine étrangère. On peut juger utile voire nécessaire d'adapter à des circonstances nouvelles certaines de ses dispositions, mais il ne saurait être question de bouleverser ses grands principes, conformes à l'intérêt et aux valeurs de la France.

Lexique

jacobine: partisane d'un État fort et centralisé (d'après le club des Jacobins, association politique sous la Révolution)

occitan: relatif aux régions (partie sud du pays) où on parlait la langue occitane ou langue d'oc

IIIe République: *(f)* 1870–1940, responsable de la création d'un système d'enseignement primaire universel, dans lequel l'usage du français était obligatoire

sidérurgie: *(f)* métallurgie du fer et de l'acier

loi de 1889: *(f)* loi dont procèdent encore les principales règles du droit français de la nationalité applicables aujourd'hui

Briey: partie de la Lorraine riche en minerai de fer

'creuset': *(m) (fig.)* lieu où diverses choses se mêlent, se fondent dans une seule matière

ressortissants de: *(m/f)* personnes ayant la nationalité de

francisation: *(f)* processus par lequel un individu devient français

acculturation: *(f)* processus par lequel un individu acquiert une culture particulière

relativisme culturel: *(m)* principe selon lequel toutes les cultures seraient également valables

pluriculturelle: caractérisée par la présence de plusieurs cultures

infléchissements: *(m)* modifications

effritement: *(m)* décomposition

remises en cause: sujettes à des questions

universalistes: considérés comme universellement valables
défaillante: qui s'affaiblit

Compréhension

1. Définissez les expressions 'immigré' et 'étranger', et résumez les rapports entre les deux catégories dans la France d'aujourd'hui.
2. Quels sont les dispositions qui font du Code français de la nationalité un système relativement ouvert?
3. Pourquoi l'expression 'intégration' est-elle considérée comme préférable à celle d'"assimilation'?
4. Définissez, d'après le texte, le 'modèle français' de l'intégration. En quoi peut-il être considéré comme moins effectif aujourd'hui?
5. Quelles sont les difficultés particulières auxquelles se heurte l'intégration des populations d'origine musulmane?

4.4 L'intégration au quotidien

De ce que nous avons vu de la relative ouverture du Code français, il ressort que, du point de vue de la nationalité, une vague d'immigrés 'disparaît' assez rapidement. Les enfants des immigrés, s'ils restent en France, deviennent normalement Français, ou sinon, leurs enfants le seront automatiquement à la naissance. Rien ne les distinguera des autres Français – si ce n'est la couleur de leur peau, ou leur inadaptation éventuelle à la société française.

C'est là tout l'enjeu. Et il ne concerne pas seulement, ou même pas essentiellement, les 'étrangers' ou 'immigrés' proprement dits mais plutôt ceux que l'on dit parfois **'issus de l'immigration étrangère'**. Selon la définition courante – les personnes nées en France, mais dont au moins un parent est né à l'étranger – il s'agit d'environ 4,2 millions, dont 3,3 millions sont Français depuis la naissance, les 0,9 million restant étant 'Français par acquisition'. Pour bien définir cette population du point de vue de sa réalité sociale plutôt que juridique, il convient d'y ajouter 0,8 million d'enfants toujours étrangers, mais qui deviendront, pour la plupart, Français à leur majorité, soit au total quelque 5 millions d'individus.

Ce ne sont pas des immigrés, parce que, le plus souvent, ils n'ont jamais connu d'autre pays que la France. Ce ne sont pas des étrangers, mais des Français à part entière. Comme leurs parents, cependant, ils risquent de ne pas être considérés comme tels par les 'Français de souche' (Français par filiation de longue date) si leur intégration dans la société française n'est pas réussie.

Il est donc évident que la question de 'l'intégration' pose deux problèmes assez différents, selon qu'il s'agit de la génération des immigrés eux-mêmes (appelés parfois 'primo-migrants') ou de la 'deuxième génération', celle de leurs enfants et (depuis peu) de leurs petits-enfants.

Les immigrés maghrébins des années 50 et 60 venaient en majorité d'un monde rural, traditionnel et souvent analphabète, pour répondre à un besoin de main-d'oeuvre et accomplir des besognes assez basses dans l'échelle sociale. Ils sont venus en majorité seuls, avec l'intention, plus ou moins précise, de revenir dans leur pays d'origine. Ils attendaient surtout une insertion sociale minimale – un revenu suffisant, un logement salubre.

Leurs attentes ont souvent été trompées, et les difficultés qu'ils ont connues continuent à se poser à ceux qui les ont suivis. Beaucoup de nouveaux venus, surtout d'Afrique noire, sont encore hébergés dans des foyers collectifs surpeuplés, voire insalubres. Dès qu'il s'agit de l'installation définitive de familles entières, cependant, la question de l'intégration au sens fort est soulevée – la question des chances, pour leurs enfants, de s'intégrer pleinement à la société française. Mais cette génération commence trop souvent avec un cumul de handicaps.

Premier handicap: le logement. Les immigrés d'après-guerre ont en général quitté les bidonvilles et les cités de transit où ils ont commencé leur vie en France pour les logements collectifs des périphéries urbaines. Cette évolution cependant, positive pour la génération qui l'a connue, n'en représente pas moins un premier handicap pour ceux qui sont nés ou traversent l'adolescence dans des quartiers toujours relativement défavorisés et dévalorisants.

Deuxième handicap: le chômage des pères, et surtout ce chômage de longue durée qui, nous l'avons vu, a tendance à se transmettre d'une génération à la suivante. Appelés en France pour des emplois que la mécanisation et l'informatisation tendent à supprimer, les immigrés se trouvent frappés de façon disproportionnée par la crise, et doivent souvent se résigner à reporter sur leurs enfants leurs ambitions déçues. Ce sont ces enfants qu'on appelle 'les beurs' – déformation à l'origine péjorative dans l'argot parisien du mot 'arabe', mais que les intéressés eux-mêmes ont fini par assumer.

Si, pour certains, 'beur' est synonyme de drogues et de surdélinquance, ce discours vaguement racisant n'est que la déformation d'une réalité parfois troublante. Il s'agit de toute une génération (majoritairement française, et non étrangère, il faut le rappeler) qui se trouve marginalisée par sa situation sociale, et pour qui la tentation d'assumer cette marginalité dans la violence et le rejet de la société est d'autant plus forte que la réaction des Français de souche trop souvent la renforce. Dans la prochaine section, nous allons analyser ce 'racisme ordinaire'. D'abord, cependant, nous donnons la parole aux beurs eux-mêmes, à travers un sondage commenté par un sociologue.

Texte 4.4.1
(Entretien avec) Adil Jazouli,' Les beurs tels qu'ils se voient', *Nouvel Observateur*, 2–8 décembre 1993, pp. 4–8

(Sondage SOFRES effectué du 2 au 8 novembre 1993 auprès d'un échantillon de 500 personnes de 18 à 30 ans, nées en France de parents algériens, marocains ou tunisiens, et vivant dans des communes de plus de 10 000 habitants)

Le Nouvel Observateur. – *Première surprise de ce sondage: dix ans après la Marche pour l'Égalité*, 59% des jeunes beurs estiment que leur situation – par rapport aux Français d'origine non-maghrébine – a peu, ou pas progressé. Pourquoi ce sentiment?*

Adil Jazouli. – J'avoue mon étonnement. Il me paraît incontestable qu'en une décennie les beurs n'ont pas seulement investi la scène publique: ils ont globalement connu une promotion sociale, à la fois politique, économique, professionnelle et culturelle. Il faut donc admettre que l'émergence d'une classe moyenne beur, reposant sur des droits effectifs, a cruellement accentué le malaise de ceux qui aspirent à l'intégration mais qui, pour beaucoup de raisons, la voient de plus en plus comme un mirage. Le décalage* entre le réel et l'imaginaire que révèle une telle réponse est au coeur de tout ce sondage. C'est inquiétant.

N.O. – *Pourtant, les beurs reconnaissent pour la plupart – et les femmes plus encore que les hommes – qu'ils ne se sentent plus vraiment proches des moeurs et des coutumes de leurs parents maghrébins. N'est-ce pas le signe que l'intégration est bien amorcée*, malgré ce malaise?*

A. Jazouli. – L'intégration culturelle, c'est-à-dire l'adoption du mode de vie français, sûrement. Il est intéressant de noter qu'il n'y pas de différences entre les réponses entre les beurs diplômés et les non-diplômés. Ce qui prouve que la structure identitaire française est très forte.

Cependant, tout démontre que ces jeunes sont obligés de jongler en permanence entre deux références, celle de leurs parents et celle du monde dans lequel ils vivent. Il me paraît problématique que 53% des pères et mères aient conservé leur langue et leurs traditions intactes, après vingt ou trente ans ici. Ils sont une force de résistance passive à l'assimilation de leurs enfants. Le sondage montre clairement une relation entre le niveau de pratique religieuse, le faible degré d'intégration de certains beurs et l'attitude rigide de leurs parents. D'autres immigrations, européennes notamment, n'ont pas fait le même choix. Les Maghrébins qui vivent comme des marginaux assignés à résidence communautaire ont entretenu le mythe du retour au pays, et ils n'ont pas fait d'efforts suffisants pour inscrire leurs enfants dans des rapports durables, voire définitifs, avec la société française. Ils ont manqué de ce réalisme qui facilite l'intégration. La tendance commence à s'inverser, mais les jeunes sont encore trop écartelés*. D'où les conflits de plus en plus violents dans la cellule familiale, qui a du plomb dans l'aile*. Des parents souvent analphabètes ont à gérer des problèmes d'éducation, de formation, pour lesquels ils ne sont pas préparés, d'autant qu'ils vivent en France, dans de mauvaises conditions, la première expérience de famille restreinte* de l'histoire maghrébine.

N.O. – *Vous parlez de jonglerie entre deux cultures. L'un des meilleurs exemples en est fourni par la langue. Quel terrible constat pour tout le monde que 55% seulement de ces beurs considèrent le français comme leur langue maternelle!*

A. Jazouli. – Je pense au contraire que ce chiffre est énorme. Ne nous y trompons pas. Ces jeunes, encore fortement déterminés par leur origine, prennent l'expression au sens étroit: la langue de la mère, mère avec laquelle ils ont une relation puissante. Dès lors, qu'ils soient assez nombreux à répondre le français, voilà qui traduit une véritable rupture culturelle. Il y a quinze ans, les enfants d'immigrés parlaient beaucoup plus qu'aujourd'hui l'arabe ou le berbère*. Aujourd'hui, dans les cités des banlieues où vivent 90% des beurs, le français est la seule langue parlée par tout le monde. À ce titre, il est lui aussi à l'origine de tiraillements*. La communication dans les familles devient difficile quand parents et enfants ne parlent ni le même langage ni des mêmes choses.

Mais, c'est vrai, la situation est extrêmement complexe. Le français est un facteur capital d'acculturation et d'assimilation. Or l'école ne remplit pas bien sa mission. Sur le terrain nous constatons que les jeunes ont un vocabulaire très limité pour exprimer leurs émotions ou leurs idées, quoiqu'ils le fassent en français. Ils n'ont pas les mots pour dire leur souffrance, pour formuler leurs revendications. Pauvreté matérielle, pauvreté du langage et violence sont étroitement liées. Quitte à* choquer, je le réaffirme: il faut que l'école impose la culture dominante. Ainsi il faudrait renoncer à l'enseignement de l'arabe dans le primaire, instauré par le pouvoir giscardien*, qui s'inscrivait dans la logique du retour, et perpétué par le pouvoir socialiste*, au nom du culte de la différence. Erreur magistrale. Par gentillesse différentialiste*, nous risquons de déstabiliser toute une génération. Il n'est pas normal de livrer des enfants supposés français à des instituteurs de pays tiers* qui font ce qu'ils veulent, et qui sont pour des gouvernements étrangers un instrument de contrôle de ces populations. De la même façon, il conviendrait de mettre un terme à la possibilité qu'ont les beurs d'origine algérienne de faire leur service militaire là-bas*. Il ne saurait y avoir de fidélité à deux nations. Quand je vois que 64% de ces jeunes seraient prêts à défendre la France, je me dis que l'histoire des parents n'est plus celle des enfants, que ces derniers ont leurs propres repères*, construisent leur France à eux, et qu'il faut renforcer leur capacité d'identification.

N.O. – *L'intégration justement passe aussi par la vie amoureuse, l'ouverture à l'autre . . .*

A. Jazouli. – Les réponses sont plus qu'encourageantes. Grâce aux femmes, qui sont décidément l'avenir des beurs. La confidentialité du sondage leur a permis de dire les choses telles qu'elles sont. Ce sont les grands frères et les pères qui vont être surpris! Il est normal que 81% des hommes reconnaissent sans crainte qu'ils ont des relations sexuelles avec des non-Maghrébines. Mais 65% de filles qui avouent ainsi ne plus être vierges, c'est carrément une révolution! La proportion de celles qui acceptent le mariage mixte est également énorme, quand on songe à l'opposition des parents, aux drames terribles que cela engendre encore. Pour moi, leur vaillance est une garantie formidable contre le repliement identitaire* et communautaire*. D'ailleurs, personne ne s'y trompe, puisque 45% des interviewés admettent que la mutation passe par les femmes.

Certes, on ne peut nier que les beurettes doivent toujours surmonter des obstacles sur le terrain de leur vie privée, de la libre disposition de leur corps par rapport aux autres Françaises. Ce n'est pas qu'elles utilisent moins la pilule ou qu'elles recourent moins à l'avortement. Mais elles doivent se cacher pour cela, elles ont du mal à transgresser sans remords la loi du père, même si une forte majorité le fait. Cependant, dans tous les autres domaines, elles ont pris une place prépondérante. Parce que c'est la clé de leur émancipation – le sondage est révélateur dans chaque détail – elles se lancent et réussissent dans les études beaucoup plus que les garçons; elles forment 80% des bataillons beurs dans les universités, bataillons qui représentent eux-mêmes 10% des effectifs, contre 2% il y a dix ans. Mieux qualifiées, elles tiennent absolument à exercer un métier, et ce sont elles qui rapportent une paie régulière. Enfin, elles ont bien assimilé leur situation civique. Elles mènent un combat, pas si différent de celui que menaient les femmes dans les années 60, et sont en passe de le gagner, malgré les traumatismes et les conflits.

N.O. – *Les hommes comme les femmes pensent que l'école et le travail sont les lieux privilégiés de leur intégration. En revanche, les uns et les autres semblent croire de moins en moins aux vertus de la vie associative. N'y a-t-il pas là un glissement important?*

A. Jazouli. – En effet, plusieurs idées reçues chez les acteurs de l'intégration vont voler en éclats. Les révisions feront mal et il faudra tirer toutes les leçons dures de ce sondage. D'abord, il était admis que, pour les beurs eux-mêmes, l'assimilation passait par l'accès à la culture. Or ils affirment à 54% qu'un emploi, l'insertion dans la vie professionnelle sont autrement plus importants. Parallèlement, les associations enregistrent un recul historique: 15% à peine leur font confiance! Et pourtant, les beurs s'y sont beaucoup impliqués et y ont cru. Seulement, elles se sont presque toutes dévoyées* dans le marketing politique, au niveau national et au niveau local. Elles sont apparues comme des tremplins* pour la promotion individuelle de quelques leaders, et non pour la promotion collective d'une génération et d'une communauté. Elles ont trop joué sur l'identité beur comme levier politique, sans apporter de vraie réponse aux difficultés concrètes de ces jeunes, alors même que les partis et les syndicats n'étaient plus capables non plus de le faire. C'est la fin d'un rêve que les associations ont entretenu en promettant trop. Or les mécanismes d'intégration économique et sociale continuent de s'affaiblir – en même temps qu'est apparue cette classe moyenne dont je parlais. Et les beurs vivent intensément cet affaiblissement. Voilà pourquoi, comme le démontrent leurs réponses, ils surinvestissent* mentalement dans le système classique d'intégration – école, travail – , mais ils n'y croient plus pour eux-mêmes. De plus en plus, ils ont conscience de n'avoir qu'une espérance individuelle d'intégration, au détriment d'une expérience collective. Quand on connaît la situation dans les banlieues, cet aveu implicite a de quoi inquiéter. Il est urgent par exemple d'améliorer l'enseignement, de créer des entreprises aux portes des cités.

N.O. – *Le sport a pris, semble-t-il, le relais* des associations. Comment l'expliquez-vous?*

A. Jazouli. – Les beurs sont aujourd'hui très, très nombreux dans les clubs de foot, de basket, dans les gymnases. Ils pratiquent la natation, la boxe, le karaté et tous les arts martiaux. Dans le sport, ils recherchent un encadrement*, une possibilité d'identification symbolique au quartier, à la cité, voire à la nation, enfin la réussite sociale. Bref, tout ce qui leur manque dans leurs banlieues. La principale association de Venissieux*, c'est l'AS Minguettes, qui a 800 adhérents et d'où sortent des joueurs de foot de grand niveau comme Fernandez. Dans nombre de disciplines, nous voyons aujourd'hui émerger des professionnels ou des semi-professionnels beurs. L'intégration se fait de plus en plus par là. Nous assistons au même phénomène qu'aux États-Unis, où les grandes stars du sport viennent des ghettos.

N.O. – *Mais certains clubs de sport sont aujourd'hui infiltrés par les organisations musulmanes fondamentalistes* dont l'intégration n'est pas l'objectif, tant s'en faut!*

A. Jazouli. – C'est exact, hélas! Dans la région parisienne, à Argenteuil, Nanterre, Épinay, La Courneuve par exemple, et puis à Mantes-la-Jolie, au Val-Fourré, ailleurs encore, les intégristes* puisent dans le vivier* du sport pour recruter des militants, construire leurs réseaux. Je n'exclus même pas qu'ils manipulent en sous-main, dès le début, certaines de ces structures. Mais pourquoi est-ce possible? Parce qu'un certain nombre de clubs, municipaux ou autres, pratiquent volontairement des licences trop chères pour les beurs; ou parce que leurs adhérents ne veulent pas se mélanger à ces jeunes 'Arabes'. Du coup, les beurs qui veulent faire du sport se replient sur eux-mêmes, créent leurs propres clubs, fermés. Par ressentiment, ils prêtent alors une oreille favorable aux intégristes.

N.O. – *C'est le moins qu'on puisse dire, puisque 17% des hommes et 12% des femmes déclarent participer ou approuver l'intégrisme. Ce sont probablement les chiffres les plus explosifs de ce sondage. Vous y attendiez-vous?*

A. Jazouli. – J'avoue que ce résultat me surprend. J'ai beau connaître le terrain, je ne m'attendais pas à çà. D'autant que ce sondage a été effectué au moment de l'enlèvement des diplomates français à Alger et du coup de filet de Pasqua contre le FIS*, ce qui aurait dû entraîner une certaine prudence. Plus inquiétant encore: lorsqu'on analyse de près tous les résultats, sur chacun des sujets, on constate qu'il existe un noyau dur* contre l'intégration qui tourne autour de 20%. C'est énorme! Les fondamentalistes ont incontestablement le vent en poupe* parce qu'ils apportent une réponse au ressentiment existentiel que j'évoquais tout à l'heure. Ils jouent à leur façon sur la différence, en tenant aux beurs le discours suivant: 'Quoi que vous fassiez pour devenir français, vous serez toujours rejetés, handicapés, parce que vous êtes arabes et musulmans. Votre patrie n'est pas ici.' En face d'eux, ils ont des jeunes qui veulent se constituer une identité de combat devant l'adversité. Des jeunes pour qui le mot avenir n'a pas de sens, puisqu'ils n'ont pas de travail, peu de qualification professionnelle, qu'ils vivent dans la violence – drogue, délinquance, prostitution – , qu'ils ont le sentiment d'être partout et tout le temps victimes du racisme. Pour eux, le temps du réel est un temps dur. L'islam des fondamentalistes s'inscrit, lui, dans le temps du divin, parie sur un monde meilleur, propose la transcendance pour supporter l'aujourd'hui douloureux. De plus, il apporte une morale dans un univers où plus personne ne sait à quelle institution se raccrocher*. C'est simpliste et ça marche.

Majoritairement auprès des paumés*, évidemment, qui sont sensibles aux prêches enflammés qu'ils entendent dans les écoles, les différents clubs, plutôt que dans les mosquées ou salles de prière qu'ils fréquentent peu, car elles sont surveillées. Ça prend aussi auprès des beurs diplômés et qualifiés qui revendiquent le droit, en démocratie, d'avoir des convictions et une pratique religieuses. L'aggravation du chômage dans leurs rangs est encore plus désastreuse que chez les autres diplômés de la société française. Car dans les quartiers populaires, celui ou celle qui a investi dans les études et se retrouve sans travail, sans réseau de relations pour l'aider, entraîne dans son sillage* 100, 200 jeunes qui se disent: 'A quoi bon aller à l'université? Ça ne sert à rien.' Un jeune chômeur diplômé en banlieue fait plus de dégâts parce qu'il est un symbole. Ce qui m'inquiète énormément, c'est la convergence en faveur d'un islam intolérant des plus et des moins éduqués. Les déferlantes* fondamentalistes sont toujours nées de cette convergence.

N'oublions pas, enfin, qu'il y a environ un million de beurs en France et que 14% de jeunes disent approuver l'intégrisme. Cela représente un réservoir potentiel inquiétant. Sans parler du risque communautariste*. Bien sûr, plus la situation économique et sociale se dégradera, plus cette fascination se renforcera. C'est aussi pourquoi je m'élevais contre la possibilité pour les jeunes d'origine algérienne d'aller faire leur service militaire dans un pays où le FIS est le maître des âmes. Nous prenons le risque considérable de laisser les adolescents français devenir des suppôts* du fondamentalisme. J'insiste là-dessus.

N.O. – *20% des sondés se disent indifférents devant ce phénomène intégriste. Est-ce selon vous une masse de manoeuvre éventuelle?*

A. Jazouli. – J'ai du mal à interpréter cette réponse. Mais pour ne pas rester sur une note trop pessimiste, je remarque quand même que 63% des beurs se déclarent inquiets ou hostiles à l'intégrisme. On peut légitimement espérer qu'ils sauront résister.

N.O. – *Oui, mais en même temps on a l'impression que l'autre terme de l'alternative est la délinquance . . .*

A. Jazouli. – Les beurs ont sur eux-mêmes un regard réaliste. Ils sont dénués de cette hypocrisie, de cette gêne que nous éprouvons, nous, quand nous parlons d'eux. Ainsi, ils nous donnent une leçon quand ils affirment qu'ils sont plus exposés que les autres Français à la délinquance, à la drogue, à la prostitution. Nous savons bien, en effet, que dans les banlieues, la drogue dure par exemple est un produit contre le vide. Elle est devenue une économie centrale, elle rapporte des recettes considérables, elle n'est plus une économie de subsistance mais de substitution. Quand un jeune, selon le niveau où il se situe dans le trafic, gagne de 1 000 à 10 000 francs par semaine, comment lutter? Cela aussi renforce la ghettoïsation, le communautarisme.

Ce danger me préoccupe plus encore que l'intégrisme, et il faut entendre ce que ces jeunes beurs essayent de nous faire comprendre en ne maquillant* pas cette réalité. Ils savent qu'ils sont au bord de la rupture, du décrochage* social. Pour certains d'entre eux, comme pour certaines familles, l'islam dès lors pourrait être la seule force capable d'empêcher la dérive*. Et la boucle serait bouclée*. Il est juste temps encore. Avec 60% de beurs de 18 à 30 ans qui se déclarent bien ou très bien intégrés, ce sondage confirme une tendance lourde et procure un espoir certain. Mais il met en évidence des lignes de fracture très nettes qui risquent de modifier sensiblement la génération suivante.

Tableau 23: Vous-même, vous sentez-vous plus proche du mode de vie et de culture des Français ou de celui de vos parents?

Plus proche du mode de vie et de culture des Français	71
Plus proche du mode de vie et de culture de mes parents	20
Sans réponse	9

Tableau 24: Degré d'intégration selon le niveau de diplôme

	Élevé	Faible
Sans diplôme	56	44
BEPC, CAP, BEP	59	41
Baccalauréat	60	40
Enseignement supérieur	67	33

Tableau 25: Avez-vous déjà eu des relations amoureuses avec un(e) Français(e) d'origine non-Maghrébine?

	Ensemble	Hommes	Femmes
Oui	73	81	65
Non	25	17	33
Sans réponse	2	2	2

Tableau 26: Estimez-vous qu'une jeune femme d'origine maghrébine est en situation d'égalité, mieux placée ou moins bien placée qu'une jeune Française non-maghrébine en ce qui concerne:

	En situation d'égalité	Mieux placée	Moins bien placée	Sans réponse
Les études	66	5	25	4
La possibilité de divorcer	50	2	45	3
Les sorties, les loisirs	45	4	48	3
Le travail	39	4	53	4
La contraception	35	3	55	7
Le recours à l'avortement	27	1	65	7

Tableau 27: À l'égard de l'intégrisme musulman, quelle est votre attitude?

J'y participe	5
Je l'approuve	9
Je suis indifférent	20
Je suis inquiet	37
Je suis hostile	26
Sans opinion	3

Tableau 28: Pour les jeunes d'origine maghrébine, quels sont, à votre avis, les deux lieux d'intégration les plus importants?

L'école	70
Le travail	54
Le sport	35
Les associations	15
La rue	11
Les boîtes	5
Aucun	1
Autres réponses	1
Sans opinion	0

Tableau 29: Si la France était attaquée, seriez-vous prêt à la défendre?

Oui	64
Non	20
Sans opinion	16

Tableau 30: En ce qui concerne le mariage, est-il envisageable (ou aurait-il été envisageable) que vous épousiez un(e) Français(e) d'origine non-maghrébine?

	Ensemble	Hommes	Femmes
Oui, sans problèmes	45	57	32
Oui, ma famille ne serait pas contente mais c'est envisageable	25	21	29
Non, ma famille s'y opposerait	10	3	16
Non, je veux me marier dans ma communauté d'origine	17	14	21
Sans réponse	3	5	2

Tableau 31: Personnellement, vous arrive-t-il (ou vous est-il arrivé) d'être victime du racisme?

	Oui	Non	Sans réponse
Dans la recherche d'un travail	43	49	8
Dans les sorties, en boîte	39	58	3
Dans la rue avec les policiers	38	61	1
Dans la rue avec d'autres jeunes	35	64	1
À l'école	29	69	2
Dans la recherche d'un logement	29	52	19
Sur votre lieu de travail	18	70	12

Lexique

Marche pour l'Égalité: *(f)* ou Marche des beurs, manifestation antiraciste qui est allée de Marseille à Paris en décembre 1983

décalage: *(m)* manque de correspondance

amorcée: commencée, en route

écartelés: *(fig.)* déchirés, divisés

a du plomb dans l'aile: *(loc. fig.)* a du mal à se maintenir

famille restreinte: *(f)* (ou 'famille nucléaire') composée du père, de la mère et des enfants (par opposition à 'famille étendue', composée de plusieurs générations et/ou autres parents, assez commune dans le Maghreb)

berbère: *(m)* langue parlée surtout dans les régions montagneuses du Maghreb

tiraillements: *(m)* fait d'être tiré dans deux ou plusieurs sens en même temps

quitte à: en prenant le risque de

pouvoir giscardien: *(m)* gouvernements sous la présidence de Valéry Giscard d'Estaing, 1974–81

pouvoir socialiste: *(m)* le Parti socialiste était au pouvoir de 1981 à 1986 et de 1988 à 1993

différentialiste: motivée par le désir de respecter les différences culturelles

pays tiers: *(m)* pays étrangers (les enseignants des langues arabes ou berbères étaient souvent nommés par les gouvernements des pays maghrébins)

service militaire: *(m)* depuis la fin de la guerre d'Algérie jusqu'en 1994, les jeunes Français d'origine algérienne ont pu choisir de faire leur service militaire dans l'un ou l'autre pays

repères: *(m)* indices qui permettent de se retrouver *(ici au fig.)*

repliement identitaire: *(m)* repli, retraite, sur l'identité (ici, maghrébine)

communautaire: qui a rapport à la communauté (ici, communauté d'origine)

dévoyées: détournées du droit chemin

tremplins: *(m)* planche élastique qui permet de sauter plus haut *(ici au fig.)*

surinvestissent: (surinvestir) investissent (leurs énergies et espoirs) de façon excessive

pris le relais de: remplacé

encadrement: *(m)* action de faire entrer dans un cadre, une formation quelconque

Vénissieux: banlieue sud de Lyon, lieu de confrontations violentes entre police et beurs en 1983, concentrées autour de la cité des Minguettes

fondamentalistes: (ou 'intégristes') qui interprètent l'enseignement de l'islam de façon littérale, et veulent imposer la loi coranique comme loi civile

intégristes: *(m/f)* *voir* 'fondamentalistes', *ci-dessus*

vivier: *(m)* réservoir

FIS: Front islamique de Salut, organisation politique algérienne, se réclamant de l'intégrisme musulman, et utilisant le terrorisme. En 1993 le FIS enlève des diplomates français, et réclame le départ de tous les étrangers. Le Ministre français de l'Intérieur, Charles Pasqua, a arrêté dans un 'coup de filet' plusieurs personnes d'origine algérienne soupçonnées d'être sympathisants du FIS.

noyau dur: *(m)* petit groupe incompressible, peu enclin à changer d'opinion

ont le vent en poupe: *(loc. fig.)* bénéficient de conditions favorables
se raccrocher: tenir à qqch. de stable
paumés: qui se sentent perdus
dans son sillage: à sa suite
déferlantes: *(f)* vagues puissantes
risques communautaristes: *(m)* risques de retraites dans la solidarité
    qu'offre la communauté *(voir:* 'repli identitaire et communautaire', *ci-*
    dessus)
suppôts: *(m)* agents (des mauvais desseins) de
maquillant: donnant une apparence trompeuse à
décrochage: *(m)* détachement
dérive: *(f)* situation d'être sans but, sans points de repère
la boucle sera bouclée: le jeu (d'intégrer les beurs en les tenant à l'écart
    de l'intégrisme) sera perdu

Compréhension

1. En quoi l'intégration de la 'deuxième génération' pose-t-il des
   problèmes différents de ceux posés par l'intégration des immigrés?
2. Quel rôle le choix de langue joue-t-il dans l'intégration des beurs?
3. Expliquez pourquoi on peut considérer qu'un rôle prépondérant dans
   l'intégration des beurs est tenu par les femmes.
4. Pourquoi l'intégrisme peut-il avoir un attrait pour les beurs? Quels en
   sont les dangers?
5. Quel est le lien entre la tentation de la délinquance et le risque de
   communautarisme?

4.5   Racisme et identité

La Commission de la nationalité, dans le texte cité, a souligné que le
processus d'intégration des vagues précédentes d'immigrés ne s'est pas
déroulé sans tensions parfois violentes qui versaient dans la xénophobie.
Dans le contexte actuel de réactions similaires contre les populations
d'origine maghrébine, on parle plutôt de racisme, bien que cette
expression soit strictement abusive, dans la mesure qu'il n'existe pas de
'race' maghrébine.

    L'existence de ces phénomènes en France a été reconnue au niveau
gouvernemental par la création d'une Commission nationale consultative
des droits de l'homme, à qui le Parlement a confié la tâche de présenter

chaque 21 mars – Journée internationale pour l'élimination de toutes les formes de discrimination raciale, instituée par l'ONU – un rapport sur les manifestations du racisme et de la xénophobie, ainsi que des analyses du contexte et des origines de ces phénomènes.

La lecture de ces rapports est douloureuse pour ceux qui considèrent la France comme le pays des droits de l'homme. Ils recensent de façon minutieuse toutes les diverses formes du racisme, qui vont des actions violentes (attentats, agressions physiques, incendies criminels, déprédations, coups de feu) menées soit par des groupuscules d'extrême-droite ou néo-nazis, soit par des groupes de 'skinheads'; en passant par les manifestations du racisme dans les établissements scolaires (distribution de tracts, inscriptions murales et graffiti, propos ou injures racistes tenus par les élèves); jusqu'à la discrimination dans l'emploi, le licenciement et le logement – particulièrement difficile à établir, mais sans aucun doute assez répandue.

Le premier rapport de 1990 constate tristement que le racisme anti-maghrébin en particulier a plutôt tendance à s'aggraver et à se banaliser dans les discours et les comportements quotidiens. D'un sondage commandité par la Commission, il ressort que l'écrasante majorité des Français (94%) considère que le racisme est une chose répandue; que 39% estiment que l'intégration des beurs sera 'impossible' et 31% 'très difficile'; et que 71% sont prêts à dire qu'il y a 'trop' ou 'beaucoup trop' d'Arabes en France. D'autres réponses laissent entrevoir les motifs de ces réactions. Une majorité (54%) pensent que les travailleurs immigrés sont une charge pour l'économie française plutôt qu'un apport positif; et – exprimant par là un vague sentiment d'inquiétude – 53% se proclament d'accord avec le sentiment qu'on 'ne se sent plus chez soi comme avant'.

Le rapport note aussi que le Front national, parti politique qui représente entre 10% et 15% de l'électorat national, tout en évitant soigneusement le racisme primaire des groupuscules, proclame l'"inassimilabilité' de l'islam; utilise régulièrement les incidents criminels dont les responsables sont d'origine étrangère, pour associer l'immigration au sentiment d'insécurité; répète inlassablement que la cause principale du chômage en France, c'est la présence des immigrés; et lance des appels à la protection de 'l'identité nationale'.

De l'autre côté, la Commission signale un discours plus favorable à la lutte antiraciste, qui est menée en France non seulement par les pouvoirs publics, mais aussi par un nombre impressionnant d'associations. Parmi les plus connues, SOS-Racisme, à qui on doit le slogan 'Touche pas à mon pote', cherche à sensibiliser l'opinion à travers des manifestations et événements fortement médiatisés (concerts géants, émissions de télé...).

D'autres associations, plus vénérables, comme la Ligue des droits de l'homme, ou la LICRA (Ligue internationale contre le racisme et l'antisémitisme) travaillent aussi dans le même sens; tandis que la FASTI (Fédération des associations de solidarité avec les travailleurs immigrés) regroupe une soixantaine d'associations travaillant 'sur le terrain'.

Si nous avons choisi de terminer notre livre par ce thème, ce n'est donc pas pour laisser une image négative d'un pays somme toute toujours fortement imprégné des traditions républicaines de tolérance et de solidarité. C'est plutôt qu'il est légitime de voir les phénomènes de racisme et de xénophobie, non seulement comme réaction à une population spécifique – qui fonctionne comme le classique 'bouc émissaire' – mais aussi comme réactions d'un certain nombre de Français qui se sentent menacés par les transformations en profondeur à l'oeuvre dans la société française d'aujourd'hui. Notre dernier texte, dû à un des meilleurs spécialistes des problèmes de l'intégration, résume ainsi, dans cette perspective particulière, beaucoup des thèmes mentionnés tout au long du livre: fin de la société industrielle, dualisation, question urbaine, problèmes de l'État-providence . . . . Dans l'étude d'une société, tout se tient.

Texte 4.5.1
Wieviorka, Michel, 'La grande mutation', (extraits), in *La France raciste*, Éditions du Seuil, Paris, 1992, pp. 28–39

La dualisation de la société

Avec la fin de la société industrielle, le mouvement ouvrier ne disparaît pas purement et simplement de la scène sociale: il s'affaiblit, se déstructure et se rétracte. Ses luttes ne cessent pas, mais elles perdent leur caractère universel pour tendre à la défense de communautés fermées sur elles-mêmes, au corporatisme*, à l'action catégorielle* – ce qui se traduit éventuellement par des formes de rejet qui tendent à la xénophobie, voire au racisme.

Dans le passé, les organisations se réclamant du mouvement ouvrier non seulement affichaient* leur internationalisme, mais aussi s'efforçaient, avec plus ou moins de succès, de parler au nom des pauvres et des chômeurs, souvent considérés comme l'armée de réserve du capital. S'il est excessif de parler de racisme, il faut bien voir qu'un fossé* n'a cessé de se creuser entre le monde de l'exclusion et du chômage, où les immigrés sont massivement présents, et celui du travail et de l'action syndicale.

Mais le déclin de la société industrielle n'encourage pas seulement les débris du mouvement ouvrier à l'égoïsme et à des tendances à la xénophobie et au racisme. Il laisse la place à une France à deux vitesses: d'un côté, ceux qui participent à la vie moderne, à l'emploi, à la consommation, dont les enfants accèdent à l'éducation dans des conditions convenables; de l'autre, ceux qui oscillent entre le chômage et le travail précaire, des familles déstructurées, des enfants mal ou sous-éduqués, le surendettement et la misère. Dans la société industrielle, on était en haut ou en bas, mais chacun avait sa place; avec la dualisation de la société, on est plutôt dedans ou dehors, *in* ou *out*.

Ce thème de la dualisation est apparu en France avec une bonne dizaine d'années de décalage par rapport aux États-Unis, où divers travaux ont commencé à décrire le phénomène dès la fin des années 60. Les premiers débats qu'il suscita opposèrent ceux qui s'inquiétaient de la déstructuration sociale qu'il implique – tel Edmond Maire, alors secrétaire général de la CFDT* –, à d'autres qui, au sein du CNPF*, y voyaient plutôt la condition nécessaire à la modernisation de l'économie nationale, ou pensaient y trouver l'occasion de vivre en conformité avec des idées communautaires et écologistes. Plus l'image d'un conflit de classes apportant un principe d'organisation générale de la société s'évanouissait, ou devenait totalement artificielle, plus s'est imposé le thème de l'exclusion et plus s'est précisée une dichotomie entre les tenants d'un libéralisme* vantant, à la limite du cynisme, les mérites du marché et de l'esprit d'entreprise et ceux qui, sensibles à ses dégâts*, ne voyaient d'autre alternative que celle, palliative*, de la charité, dont le retour en force fut incarné par l'abbé Pierre et diverses vedettes du 'show-business' – à commencer par Coluche et ses restaurants du coeur.

Entre le libéralisme et l'engouement* pour l'entreprise et la charité, l'espace pour des projets, des acteurs et des mouvements sociaux est vide, de même qu'entre les exclus et les autres, il n'y a pas de rapports sociaux, mais une séparation, qui donne d'abord de la méconnaissance, et de l'inquiétude – d'où l'importance du thème de l'insécurité tout au long des années 80 –, mais peut se solder* par des frictions et des tensions susceptibles de tourner à la violence. Le racisme trouve ici sa place à trois titres. Il va de pair avec le souci de ceux qui sont *in* de tenir à distance ceux qui, souvent immigrés, sont *out*; avec l'effort de préserver, même si c'est de façon mythique, ceux qui sont *in* de la chute sociale du côté des exclus; et aux Français 'de souche' qui sont *out*, il peut apporter une identité qui crée une distance devenue raciale à défaut d'être sociale.

La nouvelle question urbaine

Dans les années 60, puis 70, la question urbaine apparaissait indissolublement liée au processus d'industrialisation du pays. Puis deux processus ont commencé à se développer. Le premier, directement commandé par le déclin de la société industrielle, réside dans la transformation et, le plus souvent, dans la dégradation de quartiers anciens, et parfois même de villes tout entières, qui s'étaient développés de longue date autour de l'industrie, avec et pour elle, que ce soit sous l'impulsion d'un patronat paternaliste* – ou soucieux d'attacher sur place la main-d'oeuvre qualifiée – , de manière plus spontanée, ou encore sous la houlette* d'une municipalité prenant en charge l'organisation du logement ouvrier. Chaque fois qu'une usine ferme ses portes, ou certains ateliers, l'habitat environnant est déserté par les plus aisés ou les plus dynamiques qui sont remplacés par des populations plus pauvres, des chômeurs, des immigrés, pour qui la question du logement est dissociée de celle de l'emploi. Le quartier se dégrade d'autant plus qu'il est généralement difficile à réhabiliter, il s'appauvrit en même temps que montent le désarroi* ou les tensions internes – à commencer par celles qui opposent ses plus anciens habitants, dont la logique s'apparente* à celle de 'petits Blancs'*, et les nouveaux venus, perçus comme des envahisseurs. Le racisme ici n'est pas loin, expression de la chute sociale et du ressentiment d'habitants qui voient un ancien mode de vie s'effondrer, des pratiques communautaires se dissoudre, une histoire s'achever, qui se sentent abandonnés par ceux qui ont quitté le quartier, mais aussi par la classe politique et par l'État; il est d'autant plus intense qu'en face, les immigrés semblent capables de créer des réseaux d'entraide et de solidarité, d'avoir recours à l'aide sociale, d'affirmer des identités communautaires ou religieuses – l'islam.

Un deuxième processus concerne davantage les banlieues urbanisées à l'occasion des années de croissance, et en particulier les cités de logement social, de type HLM*. Au départ, dans les années 50, 60 et même encore 70, ces ensembles ont accueilli des populations ouvrières, mais aussi des couches populaires du secteur tertiaire et, souvent, des couches moyennes. Ils répondaient à des demandes pressantes, permirent de résorber les bidonvilles* et les cités d'urgence, et d'accueillir dans des conditions décentes des familles victimes jusque-là de la crise du logement. Ces ensembles ont, en un mot, constitué un progrès social, même s'ils appelaient de nombreuses critiques.

Avec la dualisation de la société française, un tri* s'est opéré. Les familles en mobilité ascendante ou, du moins, non descendante ont recherché un autre type d'habitat, contribuant à la 'gentrification'* des centres urbains ou peuplant des banlieues plus agréables, tandis que leurs logements étaient attribués ou vendus à des catégories sociales plus basses et, en pourcentage important, à des immigrés. Ce processus, exacerbé par les politiques nationales d'aide au logement et par l'attitude de certaines municipalités, a donné à terme l'image d'un pourrissement des banlieues, et on a parlé, non sans excès, de 'ghettos à l'américaine'. L'exclusion sociale a pu être perçue comme redoublée par une exclusion spatiale, en même temps que le thème de l'ethnicité faisait son apparition et que des violences émeutières*, mais aussi policières, mobilisaient l'attention des *media* et de la classe politique.

Diverses variantes de ces deux processus pourraient être présentées [. . .]. L'essentiel, pour l'instant, est de voir que la dualisation spatiale, prolongeant dans l'espace urbain les phénomènes d'exclusion sociale, apporte des conditions inédites* au racisme, ne serait-ce qu'en favorisant la ségrégation.

La poussée des identités

Avant même que ne soit patente la fin de la société industrielle, la culture et les valeurs de cette société ont été ébranlées par des acteurs désireux d'afficher leur spécificité en dehors d'elle, et souvent contre elle. Les uns se sont définis en termes purement culturels, affirmant une identité antérieure à l'ère de l'industrie et de l'État-nation, quitte* à la construire de façon mythique, en bricolant* à partir de matériaux historiques très largement contestables. Des mouvements régionalistes, basque, occitan*, breton, corse, ont ainsi reproché à l'État français d'avoir broyé* leurs particularismes, en même temps qu'ils plaidaient, avec plus ou moins de conviction, pour un mode de développement de type post-industriel, ouvert à des préoccupations écologistes. [. . .] Le féminisme et l'écologie politique, enfin, ont oscillé entre des conduites de retrait contre-culturel et communautaire et des attitudes plus offensives, les unes comme les autres marquant très directement une rupture avec le modèle culturel de la société industrielle.

Ces diverses poussées se sont soldées, surtout à gauche, par une valorisation* du droit à la différence dont les effets politiques ont pu sembler mineurs, jusqu'au moment où elle a été étendue à l'immigration. Jusque-là, les particularismes semblaient pouvoir trouver leur place dans une France encore intégrée, et même pouvoir s'associer à des mouvements sociaux qui, pour être nouveaux, n'en étaient pas moins inscrits dans le cadre unifié de la société française. Avec l'islam, puis l'image des communautés d'immigrés, le thème du droit à la différence a changé de sens, pour constituer, aux yeux de beaucoup, une menace directe pour la société nationale. Menace largement grossie, l'islam supposé radical, intégriste ou fondamentaliste ne l'est qu'à la marge, et les communautés maghrébines ou africaines sont plus souvent un fantasme qu'une réalité; à l'inverse, il a fallu les violences de 1991 pour que l'on découvre réellement qu'en une trentaine d'années la France avait enfermé les harkis* dans des poches d'exclusion les constituant en communauté, ethnicisant* cette population dont la définition initiale était administrative et historique. Toujours est-il qu'en contrepartie de ces transformations s'est développé, sur fond de crise économique et de mutation urbaine, un nationalisme français populiste et xénophobe, sombre et crispé*, tendant souvent au racisme, et complété, avec d'innombrables variations, par des références à d'autres identités non sociales – religieuses (catholique), régionales, localistes – et par des appels à l'ordre, à un État plus ferme, à une reconstitution de la famille et de l'éducation.

Cette crispation a été d'autant plus vive que, à bien des égards, la nation française peut paraître menacée. L'influence culturelle et politique de la France dans le monde n'est plus celle d'une puissance de premier plan, la pénétration de la culture nord-américaine (et même de la langue anglaise) est croissante, la construction de l'Europe est souvent vécue comme une perte de souveraineté nationale, et l'économie du pays est de plus en plus subordonnée à des logiques internationales, en particulier financières. La nation française est ainsi mise en cause du dehors, et pas seulement du dedans, et la hantise de l'immigration correspond à un phénomène classique de bouc émissaire.*[. . .]

La crise de l'État républicain

Agent de gestion et de changement de la collectivité nationale, l'État français, lorsqu'il était critiqué dans les années 70, se voyait surtout reprocher son rôle répressif, ou sa supposée subordination à une classe dirigeante.

Mais, depuis une quinzaine d'années, d'autres critiques sont montées, en même temps que les analystes oscillaient entre deux perspectives. Les uns, en effet, ont plutôt insisté sur la crise de l'État-providence, ou sur le déclin de l'État républicain; d'autres, plus optimistes, ont préféré parler de nouveau type d'intervention de l'État.

Deux aspects de l'ébranlement de l'État français, quelle que soit la perspective adoptée, méritent ici plus particulièrement notre intérêt. Le premier renvoie, précisément, aux difficultés de l'État-providence, prévu pour pallier* un chômage limité et provisoire, et non pas structurel et inscrit dans la longue durée; organisé pour soutenir à la marge les résidus* peu nombreux de la société industrielle, et non pour maintenir la tête hors de l'eau d'une population massivement précarisée*, exclue et déstructurée à tous égards.

La crise de l'État-providence a aussi suscité indirectement un surcroît de ressentiment de la part des Français 'de souche'. Souvent, ceux-ci ont la conviction – qui repose sur des observations partielles et partiales – que les immigrés non seulement bénéficient des aides de l'administration, mais aussi en abusent, et à une échelle démesurée. Les propos tenus par le maire de Paris en juin 1991 pour dénoncer ce type d'abus, en avançant des chiffres fantaisistes, très grossis, à propos des allocations familiales perçues par les immigrés, ne sont qu'une expression parmi beaucoup d'autres de cette conviction. En même temps, ces Français 'de souche' ont le sentiment, non moins convaincu, de n'avoir accès que difficilement et partiellement à l'aide publique, et, dans le décalage entre ce qu'ils perçoivent et ce qu'ils attribuent aux immigrés, se profilent des préjugés et une exaspération xénophobes et racistes.

Un deuxième aspect de la crise de l'État français renvoie au modèle républicain de l'école et à la formule de la laïcité*. Cette crise a pris un tour spectaculaire, médiatique et politique, avec l'affaire dite 'du foulard', lorsque, à l'automne 1989, le principal d'un collège de Creil* prit la décision de ne plus accepter en classe trois jeunes filles portant le voile islamique*. On comprit soudain que l'époque du silence des intellectuels était révolue* et qu'un nouvel espace de débats était ouvert, mettant en cause le modèle français de l'intégration et son noyau dur*, l'école républicaine. Les uns, par corporatisme enseignant* ou par laïcisme intransigeant, dénoncèrent le 'Munich* de l'école républicaine' que constituait l'attitude simplement prudente ou indécise du ministre de l'Éducation; d'autres mirent en avant le thème du droit à la différence; d'autres encore cherchèrent à concilier l'universalisme de la raison et le particularisme des convictions – et surtout, il devint clair que le modèle issu de la loi de séparation de l'Église et de l'État en 1905 appelait discussion et peut-être renouvellement. [. . .]

Dans les quartiers, dans les écoles, ce n'est pas tant sur ce mode idéologico-politique que s'est jouée la crise de l'école publique, mais selon d'autres processus, beaucoup plus concrets.

Dans de nombreux établissements scolaires, en effet, la direction et les enseignants avaient appris depuis quelques années à gérer la venue d'élèves portant le voile islamique, et celui-ci n'avait jamais posé de problèmes majeurs. Par contre, deux types de pratique, depuis le début des années 80, ont contribué à renforcer les tensions autour de l'immigration, toutes deux avec la même fonction: assurer aux enfants de Français 'de souche' une éducation convenable, qui passe, aux yeux des parents, par l'inscription dans des écoles à faible taux d'immigrés.

C'est ainsi qu'on a vu se multiplier les passages du public au privé, apportant aux parents l'assurance d'un encadrement* que l'école laïque est supposée ne plus offrir, et celle d'une homogénéité sociale et ethnique; c'est ainsi, également, que des dérogations* à la carte scolaire* ont souvent été demandées par des parents soucieux, là encore, de placer leurs enfants dans des écoles 'bien' fréquentées.

Ces phénomènes n'ont pas été massifs, et varient d'une ville à une autre; ils n'ont même joué parfois qu'à la marge; de plus, le principe de la dérogation, après avoir été toléré pendant quelques années, a souvent été combattu par les autorités concernées, municipales ou relevant de l'Éducation nationale. Mais ils ont exercé des effets ravageurs, prolongeant et renforçant les logiques de ségrégation urbaine, en contribuant à augmenter le taux des enfants d'immigrés dans certaines écoles et à accroître l'inquiétude ou le ressentiment des parents, Français 'de souche', qui n'avaient pas d'autre choix que ces écoles pour leurs enfants. [. . .]

Les lignes qui précèdent décrivent une mutation, et pas seulement une crise. Elles évoquent la fin d'une société nationale intégrée, mais aussi l'entrée dans un autre type de société perceptible à travers les changements culturels et les poussées identitaires qui ont été évoquées, plus peut-être que dans les phénomènes de dualisation – dont on peut penser et surtout souhaiter qu'ils ne constituent qu'un moment dans notre histoire sociale. Elles invitent par conséquent à envisager le racisme non seulement dans ses liens avec l'épuisement de l'ancienne société, mais aussi dans ceux qu'il entretient avec la nouvelle.

Lexique

corporatisme: *(m)* défense des intérêts d'un groupement professionnel

catégorielle: particulière à une catégorie (ici, socio–professionnelle)

affichaient: (afficher) montraient publiquement

fossé: *(m)* coupure, séparation profonde

CFDT: *(f)* Confédération française démocratique du travail, centrale syndicale

CNPF: *(m)* Conseil national du patronat français

libéralisme: *(m)* dans un contexte politique, le mot est normalement entendu dans le sens d'un point de vue favorable à l'économie de marché, sans intervention de l'État

dégâts: *(m)* dommages, ravages

palliative: qui a l'effet de diminuer les dommages sans y porter un vrai remède

engouement: *(m)* enthousiasme excessif

se solder par: aboutir à, finir dans

paternaliste: se voyant dans un rôle de parent ou protecteur

houlette: *(f) (fig.)* conduite

désarroi: *(m)* désordre, confusion mentale

s'apparente à: (s'apparenter à) est pareil à

'petits Blancs': (aux États-Unis) Blancs appauvris, qui expriment leur ressentiment par un racisme exacerbé

HLM: *(f)* Habitations à loyer modéré, dont la plupart sont dans de 'grands ensembles' construits surtout dans les années 50 et 60 à la périphérie des grandes villes

bidonvilles: *(m)* agglomérations d'abris de fortune, sans hygiène

tri: *(m)* sélection

'gentrification': *(f) (mot anglais)* processus par lequel des quartiers défavorisés sont pris en main et rénovés par des populations aisées

émeutières: ayant le caractère d'un soulèvement populaire

inédites: nouvelles, non connues jusqu'ici

quitte à: acceptant le risque de

bricolant: composant de matériaux hétérogènes

occitan: qui se rapporte à la langue occitane, autrefois parlée sur la moitié sud de la France

broyé: détruit, anéanti

valorisation: *(f)* fait de conférer une valeur plus grande

harkis: *(m)* population musulmane ayant combattu du côté de la France dans la guerre d'Algérie et qui, à l'indépendance de celle-ci (1962), a été rapatriée en France

ethnicisant: accentuant le caractère ethnique de la catégorie en question

crispé: figé sur ses positions

bouc émissaire: *(m)* bouc que le prêtre, dans la religion hébraïque, chargeait des péchés de la communauté

pallier: diminuer les mauvais effets de

résidus: *(fig.)* ceux qui sont laissés de côté

précarisée: laissée dans une situation précaire, instable

laïcité: *(f)* principe de neutralité de l'État en matière de religion, surtout évident dans l'enseignement public, d'où toute instruction religieuse est rigoureusement bannie

Creil: ville de la banlieue parisienne

voile islamique: *(m)* le *tchador*, voile ou foulard porté par les femmes musulmanes (le refus du principal de permettre le port du voile fut motivé par le fait que celui-ci peut être vu comme un symbole d'appartenance religieuse.)

était révolue: touchait à sa fin (On beaucoup parlé pendant les années 80 du 'silence des intellectuels', traditionnellement prêts à l'intervention politique.)

noyau dur: *(m)* bastion, point fort de la défense

corporatisme enseignant: *(m)* il s'agit de la défense des intérêts des enseignants

Munich: symbole d'abandon de principes traditionnels (d'après les traités de Munich conclus en 1938, qui ont laissé libre cours aux ambitions territoriales de Hitler)

encadrement: *(m)* rapport numérique entre enseignants et élèves

dérogations: *(f)* exceptions faites à une règle

carte scolaire: *(f)* carte gouvernant la répartition des élèves entre les établissements scolaires selon des critères géographiques

Compréhension

1. Expliquez le sens des expressions *in* et *out*, et résumez les rapports entre les sentiments associés à ces conditions et la montée du racisme.
2. Expliquez le sens de l'expression 'dualisation spatiale' et les processus qui y ont mené.
3. Expliquez le sens de l'expression 'droit à la différence', et pourquoi elle a changé de sens en s'appliquant aux immigrés.
4. Expliquez comment la crise de l'État-providence a contribué aux réactions racistes.
5. Expliquez les rapports entre les dérogations à la carte scolaire et la ségrégation raciale.

Thèmes de réflexion: exclusions et marginalités

1. Quelles sont les considérations qui peuvent justifier les inégalités, et à quels critères peut-on en appeler pour limiter les inégalités?
2. On a tendance à condamner les inégalités qui résultent de l'héritage plutôt que des efforts de l'individu. Cependant, on ne condamne pas les parents qui cherchent à donner à leurs enfants tous les avantages possibles. Comment réconcilier cette contradiction?
3. À quel point est-il possible d'extirper la pauvreté? Existe-t-il un seuil d'incompressibilité?
4. Y a-t-il un droit inconditionnel à un revenu minimum?
5. La 'société de consommation' est-elle une libération ou une dissolution?

Pour en savoir plus

Cette liste comprend des ouvrages de synthèse sur la société française contemporaine, de petits ouvrages spécialisés ainsi que des indications sur les périodiques ou collections qui peuvent vous être particulièrement utiles. Pour des lectures plus approfondies, vous pourrez consulter les bibliographies de ces ouvrages.

A. Ouvrages de synthèse

Mendras, Henri, *La Seconde Révolution française. 1965–1984*, Éditions Gallimard, Paris, 1988

Dirn, Louis, *La Société française en tendances,* PUF, Paris, 1990

Durand, Jean-Pierre et F.-X. Merrien, *Sortie de siècle, la France en mutation,* Vigot, Paris, 1991

B. Ouvrages renouvelés périodiquement

INSEE, *La Société française. Données sociales*, Documentation française, Paris
[Gros ouvrage de référence indispensable, avec des commentaires qui font autorité sur les grands thèmes tendanciels. Renouvelé tous les trois ans (dernière édition 1993).]

Collectif, *L'État de la France*, Éditions La Découverte, Paris, en collaboration avec le CREDOC. [Recueil d'articles de spécialistes, renouvelé chaque année, sur les enjeux et débats sociaux, ainsi qu'un 'Tour de France' des régions, une radioscopie de l'economie, et une revue de l'année politique. (Dernière édition: *L'État de la France 1994–95,* La Découverte, Paris, 1994).]

Mermet, Gérard, *Francoscopie, Français qui êtes-vous?,* Larousse, Paris
[Synthèse illustrée sur les modes de vie et le changement social (travail, maison, famille, consommation, opinions) présentée en petits textes courts. (Dernière édition 1993).]

Tableaux de l'économie française, 1994–1995, INSEE, Paris, 1994).]

C. Ouvrages de poche spécialisés

Artininan, Ariane et Laurence Boccara, *Femmes au travail,* Collection Enjeux, no 21, Hatier, Paris, 1992

Bernard, Philippe, *L'immigration*, Le Monde–Éditions Marabout no 8600, Paris, 1993

Camplong, Louise, *Pauvres en France,* Collection Enjeux, no 12, Hatier, Paris, 1992

Chassard, Yves et Pierre Concialdi, *Les revenus en France,* Collection Repères no 69, La Découverte, Paris, 1989

Clouet, Jean, *L'argent des Français,* Collection Enjeux, no 16, Hatier, Paris, 1992

Cordeiro, Albano, *L'immigration,* Collection Repères no 8, La Découverte, Paris, 1990

Desrosières, Alain et Laurent Thévenot, *Les catégories socio-professionnelles,* Collection Repères no 62, La Découverte, Paris, 1988

Euzéby, Chantal, *Le revenu minimum garanti,* Collection Repères no 98, La Découverte, Paris, 1991

Galland, Olivier, *Les jeunes,* Collection Repères no 27, La Découverte, Paris, 1993

Herpin, Nicolas et Daniel Verger, *La consommation des Français,* Collection Repères no 67, La Découverte, Paris, 1991

Les enfants de moins de 6 ans, Série Contours et caractères, INSEE, Paris, 1993 [Données statistiques commentées]

Les étrangers en France, Série Contours et caractères, INSEE, Paris, 1986 [Données statistiques commentées]

Les familles nombreuses, Série Contours et caractères, INSEE, Paris, 1989. [Données statistiques commentées]

Les femmes, Série Contours et caractères, INSEE, Paris, 1991 [Données statistiques commentées]

Les jeunes de 15 à 24 ans, Série Contours et caractères, INSEE, Paris, 1993 [Données statistiques commentées]

Les personnes âgées, Série Contours et caractères, INSEE, Paris, 1991 [Données statistiques commentées]

Merllié, Dominique et Jean Prévot, *La mobilité sociale,* Collection Repères no 99, La Découverte, Paris, 1991

Murard, Numa, *La protection sociale,* Collection Repères no 72, La Découverte, Paris, 1989

Vallin, Jacques, *La population française,* Collection Repères no 75, La Découverte, Paris, 1992

D. Périodiques

Alternatives économiques [Articles de style journalistique, mais sérieux, sur l'actualité et les tendances économiques et sociales. Des 'hors-série' thématiques, en particulier *Les chiffres de l'économie et de la société* , no 22, 4ème trimestre 1994; *Crise des banlieues ou crise de société*, no 19, 1er trimestre 1994, *Pauvreté, Pauvretés*, no 12, 2ème semestre 1991]

Autrement [dont la série *Mutations* publie des numéros sur des thèmes de société, en particulier, *Finie, la famille?*, no 3; *Mariage, Mariages*, no 105.]

INSEE Première [60 numéros par an; en 4 pages, les derniers résultats des études de l'INSEE. Numéros fréquents sur la population, la consommation des ménages, etc]

Le Débat [Périodique de haut niveau intellectuel, publié 5 fois par an, et qui comprend souvent une série d'articles sur un seul thème, p. ex. 'Population et société: contraintes et choix', *Le Débat*, no 69, mars–avril 1992]

Les Cahiers Français, La Documentation française, Paris, [5 numéros par an], en particulier *La France et sa population*, Cahiers Français no 259, janvier–février 1993; *Revenus et patrimoines*, no 240, 1989

Problèmes politiques et sociaux, La Documentation française, Paris. [24 numéros par an, sélection d'articles et de textes provenant de sources françaises et étrangères] en particulier Singly, François de, *La famille: transformations récentes*, no 685, 14 août 1992, La Documentation française, Paris

Regards sur l'actualité, La Documentation française, Paris [10 numéros par an; de 3 à 5 articles de fond sur des sujets d'actualité sociale et politique]

Notez aussi la collection des *Rapports Officiels*, publiés par La Documentation française, comme, par exemple, le Rapport annuel au Premier ministre du Haut Conseil à l'intégration.